부패하지 않는
사랑의 힘

부패하지 않는 사랑의 힘
축소 시대에 어른이 된다는 것

2025년 8월 8일 초판 1쇄 발행

지은이 | 나호선
펴낸곳 | 여문책
펴낸이 | 소은주
등록 | 제406-251002014000042호
주소 | (10911) 경기도 파주시 운정역길 116-3, 101동 401호
전화 | (070) 8808-0750
팩스 | (031) 946-0750
전자우편 | yeomoonchaek@gmail.com
페이스북 | www.facebook.com/yeomoonchaek

ⓒ 나호선, 2025

ISBN 979-11-87700-98-2 (03810)

이 책의 무단 전재와 복제를 금합니다.

여문책은 잘 익은 가을벼처럼 속이 알찬 책을 만듭니다.

축소 시대에 어른이 된다는 것

부패하지 않는 사랑의 힘

나호선 지음

여문책

차례

인생은 배속을 허용하지 않는다 7

내가 랜선 룸투어를 하는 이유 I 16

내가 랜선 룸투어를 하는 이유 II 25

MBTI 사랑학 개론 33

내 거북목 현재사 40

개를 들이는 마음 50

인생 첫 차 62

기록말소적 사랑 72

사람 구실 하기 79

플러스펜 실종 사건 87

아주 보통의 기쁨 93

게임 중독을 위한 변론 101

재미의 땅은 영토가 넓다 107

다단계 우정 보고서 I 115

다단계 우정 보고서 II 122

생활기록부 여행 131

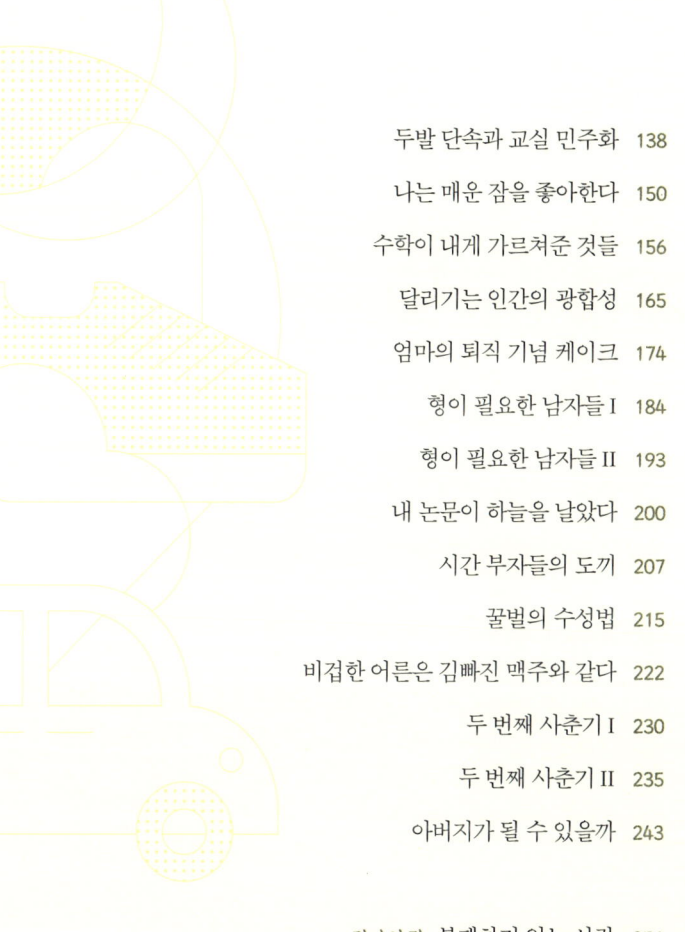

두발 단속과 교실 민주화 138

나는 매운 잠을 좋아한다 150

수학이 내게 가르쳐준 것들 156

달리기는 인간의 광합성 165

엄마의 퇴직 기념 케이크 174

형이 필요한 남자들 I 184

형이 필요한 남자들 II 193

내 논문이 하늘을 날았다 200

시간 부자들의 도끼 207

꿀벌의 수성법 215

비겁한 어른은 김빠진 맥주와 같다 222

두 번째 사춘기 I 230

두 번째 사춘기 II 235

아버지가 될 수 있을까 243

작가의 말: 부패하지 않는 사랑 256

인생은 배속을 허용하지 않는다

대학원에서 사회과학을 배우던 시절이었다. 도서관에서 머리 식힐 때 읽을 만한 소설을 몇 권 집어오는데 박사과정 선배가 내게 말했다.

"난 이제 소설은 못 읽는 몸이 됐어."
"소설이 왜요?"
"너무 답답하고 늘어져. 무슨 말 하려는 건지 눈에 안 들어와."
"비극이네요."
"난 드라마도 못 봐. 논문만 읽다가 고장났나 봐."

이게 말로만 듣던 '논문병'이구나. 연구에 흠뻑 적셔진 전업 대학원생의 머리와 눈은 모두 논문 규격이다. 규격은 '~해야 한다'로 요구하는 게 많다. 논문 세계에서는 반드시 쓰임과 목적이 분명한 서술만 해야 한다. 문장은 건조하고 명료해야 한다. 끊임없이 군더더기를 면도날로 도려내 최단 경로로 의미를 전달하는 훈련을 의식적으로 반복한다. 무의식에 주관과 감정을 최대한 배제하는 습관을 각인시킬 때까지 연마하다 보면 지식생산의 공정을 머리에 탑재한 논문형 인간으로 개조되는 것이다.

겸연쩍게 소설책을 바라보는 형의 시선을 피하며, 아이스 아메리카노를 한 모금 쭉 빨아당겼다. 커피 맛이 텁텁해서 플라스틱 일회용 컵에 몽글하게 엉긴 물기를 객쩍게 새끼손가락으로 쓰다듬었다.

나는 정말 형이 안쓰러웠다. 아름답고 쓸모없는 문장들로 빼곡히 쌓은 세계에서 영혼이 젖어들 틈이 없다니, 무척이나 슬픈 일이다. 그리고 감탄했다. 사회과학 연구는 이런 사람이 하는 거구나. 문학을 잃은 대가로 논문을 얻는 파우스트식 계약을 맺은 형을 보고 나같이 잔정 많고 눈물 많은 사람은 절대 연구자는 될 수 없다는 걸 깨달았다.

삶에서 소설을 잃는 논문형 인간의 저주가 있다면 나에게 내려진 저주는 '배속 인간의 저주'다. 이제는 배속이 없으면 영상을 못 보는 지경에 이르렀다. 영상의 인트로가 끝나기 전에 재빨리 오른쪽 톱니바퀴를 가볍게 터치하고 최고화질과 재생속도 2배를 걸어둬야 마음이 편안하다. 조금이라도 동작이 굼뜨면 찝찝해 견딜 수가 없다. 1.5배속도 답답해서 못 견딜 지경이다.

일시적 현상은 아니다. 노트북으로 드라마나 영화를 보던 시절에는 배속보다는 '5초 앞으로' 버튼을 주로 눌렀다. 키보드의 오른쪽 화살표(→) 키만 닳아 지워질 정도였다. 사소한 장면은 후딱 건너뛰며 요점정리식 쾌속 시청을 즐겼다. 아마 1분 1초라도 아끼고 싶었던 대입 수험생 시절, 인터넷 강의를 2배속으로 듣던 버릇이 남긴 후유증인가 싶기도 하다.

성질이 급하고 산만하기까지 한 나는 관객을 좌석에 묶어두고 강제로 시청 환경을 만들어주는 영화관에서 역설적으로 가장 적은 시간을 들여 영화를 본다. 집에서는 배속과 건너뛰기를 쓰더라도 엉덩이가 들떠 '5분 찔끔 시청 후 10분 딴짓'을 반복한다. 그러다 보면 두 시간짜리 영화 하나 보는 데 심하면 이틀까지도 썼다. 그래놓고는 나를 사로잡지 못한 영화의 만듦새를 탓했다. 정말 재밌는 영화였다면 내 집중력을 독점했겠지!

지금 이미 내 귀는 2배속에 절여져 배우들의 대사가 원래 속도로 들리면 오히려 낯설다. 저 사람의 목소리가 원래 그랬나? 내가 아는 인간은 두 배 빠른 인간이다. 그 화면 속 인간은 발걸음이 민첩하고 손짓이 날래다. 배우는 래퍼가 되어 속사포처럼 약간 경박하게 들리는 대사를 연신 쏘아댄다. 호흡이 가쁘게 들릴수록 내 속이 다 시원하다. 온전히 휴식을 취할 시간이 부족해서 최대한 많은 효율을 뽑아내고자 배속에 집착한 것은 아닌지 모르겠다. 그래, 나는 '배속 인간'이다.

빠르게 듣는다는 건 잘 듣는다는 것과 관계가 없다. 오히려 그 반대다. 대체로 남의 말을 띄엄띄엄 대충 듣는다는 말이다. 나로 말할 것 같으면 수능에서 국어 듣기 문제조차 귓등으로 들어 틀린 부류의 인간이다. 내가 가요를 들을 때도 가사를 잘 알아먹지 못한다는 것을 깨달은 시점이 스무 살 무렵이었다. 모국어조차 먼저 눈으로 읽고 난 후에야 비로소 귀로 들을 관심이 찔끔 생길까 말까 한 심각한 상태였달까. 듣기에도 편식이 있다고 생각할 정도로 중증이었다.

살면서 내가 쌓은 구업口業의 대부분은 아마도 다른 사람의 말을 흘려듣고 말허리를 시도 때도 없이 잘라대며 내 말만 해댄 죄일 것이다. 내 알량한 눈치와 회전수 빠른 머리는 오히려 듣기의 독이 됐다. 다른 사람의 의도를 반박자 빨리 파악한다고 착각한 덕에 뒤의 내용을 지레짐작해가며 듣다 보니 성급하게 말을 끊어댔던 것이다. 상대가 말하는 중에도 갑자기 어떤 생각이 떠오르면 상대의 말이 끝나기를 기다리는 참을성이 전혀 없었다. 대화에서조차 문맥은 5초 앞으로, 머리 굴리기는 2배속을 눌러댔던 나는 남과 제대로 대화할 줄 모르는 인간이었다.

나의 옛 연인들은 제 말만 하는 나에게 질려 떠나갔다. 대화의 방향은 주로 일방적이었고, 신나서 말할 때와 극단적으로 대비되는 건성건성 듣기는 여린 마음들에 생채기를 냈다. 오늘날 나의 듣기는 전적으로 실연과 상실의 아픔으로 치른 인생의 수업료로 가능했다. 이 지면을 빌려 한때 가장 친밀했던 이들에게 어디다 말하지 못했을 내 무례를 사과하고 싶다.

아무튼 2배속 재생 속 배우들의 대사도 귀에 익고 걷고 움직이는 동작도 익숙해졌는데 딱 한 가지가 거슬렸다. 배경음악만큼은 그 이질감이 좀처럼 타협되지 않았다. 마음에 드는 OST가 들리면 그때마다 배속기능을 껐다. 그것조차 번거로웠다. 그러고 나서 깨달았다. 배속이 침투하지 못하는 몇 안 되는 영역이 바로 음악이구나!

한동안 잊고 살았던 반가운 노래를 알고리즘이 다시금 들려줄 때도, 새로 나온 노래에 우연히 꽂힐 때도, 내 18번을 한 곡 반복 재생으로 틀어둘 때도, 비 오는 날 듣기 좋은 노래를 고를 때도, 내 달리기의 심박수를 올려줄 노래를 들으며 뛸 때도, 질리고 물리더라도 결코 0.5배속이나 2배속으로 음악

한동안 잊고 살았던 반가운
새로 나온 노래에 우연히 꽂힐 때도
비 오는 날
내 달리기의
질리고 물리더라도 결코

노래를 알고리즘이 다시금 들려줄 때도

내 18번을 한 곡 반복 재생으로 틀어둘 때도

듣기 좋은 노래를 고를 때도

심박수를 올려줄 노래를 들으며 뛸 때도

0.5배속이나 2배속으로 음악을 듣는 경우는 없으니까

을 듣는 경우는 없으니까.

분 단위로 재촉하는 배달, 하루를 넘기지 않는 배송. 지금처럼 모든 것을 과하게 재촉하는 세상에서 온전한 속도로 모든 이를 차별 없이 대하는 것은 아마 음악이 유일할 것이다. 음악이 나의 배경에 있기도 하고, 아니면 내가 음악의 뒤꽁무니에 서 있기도 하지만, 음악은 언제나 같은 속도로 나와 함께한다. 앞지르지 않으면 도태되는 것이 아니라 정속으로 가는 것만이 유일하게 온전해지는 것임을 말해주는 것만 같아 가끔은 뭉클하기까지 하다.

살면서 고통스러운 순간이 빨리 지나가기를 간절히 바랐던 적이 있다. 괴로웠던 순간은 줄이고 싶다고 해서 줄어들지 않았고, 넘기고 싶다고 해서 넘어가지 않았다. 그 반대로 즐거웠던 시간을 늘리고 싶다고 해서 늘어나지 않았다. 그저 견딜 뿐이었다. 인생은 배속을 허용하지 않았다.

돌이켜보면, 우리 가족의 암흑기를 견디게 해준 것은 우연히 듣게 된 '부활'의 음악이었다. 절망 속에서 김태원이 써 내려간 가사에 위로받았고, 그의 기타는 우리 가족의 슬픔을 대신해서 울어주었다. 언젠가 음악 크리에이터 이현파는 내게 맥주 한 잔을 권하며 "어떤 음악은 삶을 구원하기도 한다"라고 말해준 적이 있다. 그땐 '음악이 정말 삶을 구원해?'라며 의문을 품었다. 그러나 과거를 돌이켜보니 적어도 현실을 견디게 해주는 음악이 내게도 있었음을 발견한다. 견딤의 이름을 구원이라 부르더라도 손색없었음을 깨닫는다.

  사랑했던 사람이 노래로 남았고, 힘들었던 순간이 음악으로 남았다. 가사의 아름다움을 알게 되었고, 좋은 듣기가 무엇인지를 깨닫게 되었다. 이따금 남의 말을 잘라먹을 때면 나는 의식적으로 내 마음속 배속 버튼을 끈다. 이건 타인을 대하는 온전한 속도가 아니라며. 물론 가르쳐주는 대로 잘 배우면 우등생이겠지만, 나는 여전히 낙제생이다. 배속 인간은 오늘도 음악 앞에서 속죄한다. 기억은 축약되더라도 삶은 배속할 수 없다. 우리는 인생에서 구간 뛰어넘기를 누를 수 없다. 소설을 읽지 못하는 몸도, 배속 없이 영상을 보지 못하는 몸도 있지만, 모든 인생은 다 정속 재생의 결과니까. 음악이 가르쳐준 속도를 기억하며, 내 삶의 온전한 속도를 지켜야겠다.

내가 랜선 룸투어를 하는 이유 I

이직이 급하게 결정되었다. 집 구할 시간이 촉박했다. 몹시 무더운 날이었지만 집을 나섰다. 내가 걸어가는 곳마다 돋보기가 따라다니는 듯 볕이 따가웠다. 하필 이런 날을 잡아 자취방을 구하러 온 동네를 헤집고 돌아다녔다니. 조금 미련하고 많이 나다운 행동이었다.

서울 건물의 절반은 노후 주택이라는 말을 실감했다. 첫날은 그냥 공쳤다. 교훈은 있었다. 처음 계획했던 예산으로는 서울에선 어림도 없다는 것을 배웠다. 부동산 중개인들이 보여준 매물들은 대체로 외관부터 불합격. 외벽이 낡고 꾀죄죄한 데다 골조마저 병약해 보였다.

사람이 머리로 주어진 정보를 종합해 합리적 판단을 내린다는 말은 적어도 내 경우에는 거짓말이라고 생각한다. 의결권을 가진 내 판단의 최대주주는 바로 기분과 직감이다. 복도 한가득 후덥지근 달아오른 습기가 눅눅하게 뭉친 먼지와 곰팡이의 존재를 일깨웠다. 거기서 한 번 숨이 막혔고 월세와 관리비를 듣자 다시 한 번 숨이 막혔다. '전혀 관리되고 있어 보이지 않는데?' 뭐랄까, 관리비에서 양심이 보이지 않았다.

눈치 빠른 중개인에게 속마음을 들키자 곧바로 영업이 시작되었다. 이 정도 수준도 계약금을 바로 걸지 않으면 서울에서는 한두 시간 안에 남아 있을지 장담할 수 없단다. 설득하려 애쓸수록 더 멀어지는 법. 좋은 매물은 애써 설명할 필요가 없다. 모자란 만큼 설명으로 메우는 것이 영업 아닌가. 무언가를 사겠다고 마음먹으면 대체로 첫 집에서 가장 빠르게 해결을 보고 오는 게 우리 집안의 내력인데, 아무튼 잘 참았다는 생각이 들었다.

뙤약볕 아래 종일 동행한 모친과 나는 길가에 보닛을 열어젖힌 자동차마냥 퍼지고 말았다. 제일 가까운 카페에 들어가 혀를 쭉 내밀고 아이스 아메리카노를 긴급 수혈했다. 몸에서 피어오르는 뜨끈한 아지랑이와 에어컨의 냉기가 줄다리기를 벌이는 듯했다. 무더위를 이기지 못한 하늘이 소나기를 토해냈다.

둘째 날, 보증금을 두 배로 늘리고 월세도 마음이 허락했던 최대치를 최소치로 잡은 채 다른 부동산을 찾았다. 보여주는 매물들이 조금 깔끔해졌다. 그런데 너무나도 비좁았다. 어림잡아 다섯 평은 되려나? "침대 하나 놓으면 끝이겠다. 요즘 청년들 불쌍해." 오늘도 나를 따라온 엄마가 애처로운 마음에 혀를 끌끌 찼다. 아들의 처지를 청년이라는 보통명사에 뭉뚱그려서 말한 것일 테다.

다음, 다음, 또 다음. 흩어져 있는 물건들을 바삐 오가며 얻어탔던 중개인의 자동차 내부가 익숙해졌다. 분명 어딘가엔 나를 기다리는 꿀 매물이 숨어 있을 것이라는 기대는 사라진 지 오래였다. 반쯤 포기하고 마지막으로 들른 곳은 열두 살 먹은 구식 오피스텔이었다.

비질의 흔적이 느껴지는 건물 입구와 광택을 머금은 현관의 대리석. 세월의 흔적을 감출 순 없었지만 깨끗했고, 특히 벽이 단단해 보였다. 세로로 길게 반듯한 방은 채광이 좋아 아늑한 느낌이 감돌았다. 면적은 다섯 평, 직장까지 도보로 15분. 교통편이 많아 본가를 오가기도 좋았다. 한 가지 흠이라면 입주일이 원래 계획보다 열흘가량 늦다는 것이었는데 더 재고 자시고 할 것도 없었다. 계약은 속전속결로 이루어졌다. 월세 50만 원에 관리비 8만 원. 동네 시세와 입지를 생각하면 더 내도 아깝지 않을 수준이었다.

이제는 돈보다 시간이 귀해질 나이. 통근 대신 직주 근접을 택한 계기가 다소 축축하다. 장마철이었다. 만원 통근버스에 탑승하자마자 여러 갈래에서 다가오는 젖은 우산이 다각도로 내 허벅다리와 종아리를 문댔다. 옷감과 맨살이 물기를 잔뜩 머금어 쫙 달라붙을 때, 비애감이란 걸 느꼈다. 아니, 만졌다.

결심이 섰다. 돈을 써서라도 건조한 자유와 뽀송뽀송한 안락을 사겠노라고. 블루투스 이어폰마저 간섭이 일어나 끊겨대는 지옥철의 인파에 부대끼는 왕복 세 시간의 삶에서 벗어나겠다고. 면식도 없는 이들의 불쾌한 호흡을 참아가며 주머니에서 손 한번 못 뽑는 포박된 삶에서 스스로를 해방시키겠노라고 말이다.

직주 근접의 대가로 절약하는 시간은 20일 출근 기준 두 시간 반 정도, 한 달이면 50시간이다. 나는 방세를 내는 게 아니라 시간당 만 원에 이틀하고도 두 시간을 사기로 한 것이다. 수면시간과 자유시간에 배정한다고 했을 때, 절대 밑지는 장사가 아니었다. 나는 한 달에 이틀만큼 건강해질 것이고, 그만큼 자유로워질 것이다.

짐을 풀고 대강 정리를 끝마치고 나니 아직은 방이 허전했고 왠지 모르게 마음도 허무했다. 혼잣말을 중얼거렸더니 동굴처럼 소리가 울렸다. 매달 빠져나가는 뭉칫돈은 캥거루

족의 안온함을 버리고 자유를 택한 대가다. 그걸 아껴 모았다면 거머쥐었을 목돈을 떠올리자니 마음에서 피가 났다. 살다 살다 내가 하우스푸어도 아니고 룸푸어가 될 줄이야.

그러나 인간의 본전 심리에는 승화작용이 있다. 이를테면 통장의 허무를 공간의 아름다움으로 채워야겠다는 생각, 그런 것이 바로 승화다. 매달 비싼 돈 내고 빌린 집, 비워두고 나다니거나 잠만 자면 정말 억울하겠지. 최대한 집에 오래 붙어 있어야 본전을 뽑는 게 아닐까. 보란 듯이 아늑하게 꾸며야지. 매일 쓰는 물건은 예뻐야 하고, 매일 있는 방도 근사해야 한다. 그것이 바로 인스타그램 시대 방구석 탐미주의자의 심미안이다.

'방 꾸미기'는 곧 공간 분할의 예술이었다. 원룸은 기본적으로 좁다. '집'에 침실과 거실과 서재가 각각 따로 있는 게 아니라, '방'에 침실과 거실과 서재를 따로 만들어야 한다. 숨은 공간을 찾아내고 죽은 공간을 살려내 쓰임새별로 칸을 치고, 취향을 잘 살리면서도 동선 정리에는 불편함이 없어야 한다. 방 꾸미기는 곧 방 쪼개기와 같은 말이다.

그러니까 원룸을 꾸미는 것의 의미는 단순히 공간을 채운다는 것을 넘어 새로이 공간을 창출해내는 과정이었다. 한 가지 재밌는 점은 원룸이라는 공간이 참으로 자기모순적이라는 것이다. 좁은 공간에는 미니멀라이프가 어울린다. 그러나 살다 보면 늘어나는 것은 살과 살림살이다. 자꾸 집 안에 뭘 들이게 된다. 사람 하나 수납하기에 벅찬 공간에 모든 것을 욱여넣다 보면 원룸에서는 모두가 의도치 않게 면적과 가장 어울리지 않는 맥시멀리스트로 살게 되는 것이다.

좁은 방에서 공간의 잠재력을 '영끌'해 최대한의 효율과 미감을 뽑아내는 일은 절대 쉬운 게 아니다. 요리조리 머리를 굴려 비버 집짓기처럼 쌓기와 허물기를 여러 차례 반복하더라도, 도저히 마음에 드는 각이 나오지 않을 때가 있다. 욕망의 포기와 감성 한 스푼의 희생을 요구하는 결단의 순간, 나는 '랜선 룸투어'를 시작했다. 잘 꾸민 방들을 무료로 보여주는 인심 좋은 사람들 덕에 고밀도·고압축 방 꾸미기를 위한 실전 지침을 무료로 전수받을 수 있었다. 1인 가구들의 랜선 연대는 알뜰했고 아름다웠다.

첫 번째 팁, 죽은 공간 살리기. 수직 공간, 벽면과 기둥, 문의 평면은 몇 가지 '꿀템'만 있다면 되살아난다. 철제 현관문에 마스크나 사원증, 모자를 자석 후크에 달아 걸어두면 깜빡하는 일이 없다. 호텔처럼 현관문 하단에 수직 신발걸이를 달아두면 입구가 넓어진다. 셋방 벽지에 자국이 티나게 남지 않는 '꼭꼬핀'으로 선반걸이나 엽서·스티커 사진을 부담 없이 붙여둘 수 있다. 도어 후크를 문틈 상단에 걸어두면 가방이나 자주 입는 옷들을 바닥에 널브러뜨리지 않을 수 있다. 문에 전신거울이 부착된 옷장도 공간절약에 실용적이다.

두 번째, 접이식·이동식 가구는 공간에 유연성과 융통성을 준다. 24시간 내내 자리를 차지할 이유가 없는 가구들에는 '낄끼빠빠'(낄 때 끼고 빠질 때 빠지는)의 룰을 적용하자. 집밥은 어쩌다 한 끼, 식탁과 의자는 평소에는 접어두고 살아야 넓어진 통로에 개방감이 깃든다. 바퀴는 인류에겐 축복이다. '5단 회전 트롤리', 이 친구가 정말 물건이다. 화장품이나 구급약, 문구류 등을 칸마다 넉넉히 수납하며, 책상과 식탁 등 틈새 공간에 상시 주차해둘 수 있다.

마지막으로 시선 차단의 묘를 살리는 것이다. 포인트는 시선의 '적당한' 차단이다. 다 막으면 답답하니 은근하게 다음 공간이 비치는 수준이 딱 좋다. 칸살형 원목 파티션이 인기가 좋다. 창 틈새로 반투과되는 시선의 감성 덕이다. 철제 파티션은 자석과, 타공 보드 파티션은 후크와 합이 좋다. 가슴 높이의 책장을 파티션 대용으로 써도 썩 잘 어울린다. 그밖에 노출된 집기나 옷걸이의 옷들, 보기 흉한 철제 보일러실 문을 디자인 포인트가 있는 커튼으로 가려두면 덜 산만해 보인다. 삐져나온 전선도 케이블타이나 벨크로를 활용해 가지런히 묶어 최대한 벽면과 구석에 붙여 숨겨두자.

　이사 후 몇 달은 정말 즐거웠다. 다음 날 출근 걱정은 뒤로한 채, 침대에 누워 내 방과 어울릴 법한 소품을 고르다 보면 잠들 때를 훌쩍 놓치기 일쑤였다. 다른 사람들의 '내돈내산' 후기를 읽어나가는 것도 별미였다. 사실 먼저 질러놓고 후기는 나중에 읽어야 '지름신'을 영접하는 올바른 자세라 할 수 있다. 내 안목을 확인받고픈 유치한 사후합리화 본능이지만 뭐 어떤가. 누구의 허락도 필요 없이 택배가 가져다주는 설렘을 부푼 가슴으로 마냥 기다리면 그저 좋지 아니한가.

　그러나 만족감의 유통기한이 짧은 게 문제였다. 가치저장이 되지 않는 소비는 인간을 무의미에 빠뜨린다. 소비로 충족시킨 욕구는 성취로 얻은 만족에 비해 수명이 짧다. 소비의 규모를 다른 차원으로 키우기 전까지는 결코 욕망의 해갈에는 이를 수 없는 법. 원룸이 자기부정과 자기혁신을 거듭해 다용도 원룸이 된다 한들 스케일은 불변한다. 튜닝의 끝은 순정이고 인간의 주적은 권태와 게으름이라고 했다. 자취 초보는 한껏 꾸미고 자취 고수는 게으름에 굴복하는 것이 이 세계의 법칙이다. 파티의 끝은 허무다.

　과로로 지쳐 손가락 하나도 까딱하기 싫을 때, 언제 테이블을 접었다 폈다, 바퀴를 이리저리 굴려가며 살까. 빨래 건조대가 바리케이드가 되는 상황에서, 일상이 테트리스로 변한 삶의 질은 무조건 하락하게 되어 있다. 그러다 보면 "다음엔 무조건 최소 투룸은 간다. 베란다는 있었으면 좋겠다"라는 말이 자연히 입 밖으로 나오게 된다. 그것이 길어진 원룸 생활의 예고된 비극이다.

내가 랜선 룸투어를 하는 이유 II

이사한 원룸에서 한 해를 보내고 다시 여름을 맞았다. 분주히 월하준비를 했다. 겨울 동안 쌓인 먼지가 습기와 엉겨 붙은 모양인지 에어컨에서 지독한 곰팡내가 났다. 올여름은 무지하게 덥다고 해서 미리 에어컨 청소업체를 불렀다. 기사님이 고압수로 구석구석 씻어내고 꼼꼼하게 냉각핀에 약품을 뿌려줬다. 청소 기계를 정리하면서 관리법도 알려주셨다. "그래도 원룸은 오래 사는 데가 아니니까요. 이 정도로만 관리해 주시면 됩니다."

순간, 그 말에 머리가 멍해졌다. '음…, 어떡하지? 난 여기 오래 머물 것 같은데.' 나도 처음엔 잠시 머물다 갈 곳인 줄 알았다. 이것을 정착이라 말해야 할지 불시착이라 말해야 할지는 잘 모르겠지만 아무튼 길어질 것 같다. 친구들 불러 홈파티도 하고, 한둘쯤은 잠버릇 간섭 없이 독립된 공간에서 재워주고도 싶은데, 아직 여의치 않다. 다섯 평짜리 원룸은 평범한 인간관계에 부적합하다.

사회과학대를 다니던 시절이 떠오른다. 당대 학계와 담론판의 유행은 너도나도 신자유주의가 불러올 디스토피아를 예언하는 것이었다. 최적화 경쟁의 심화는 필연적으로 사람을 '가성비 만능주의'로 이끌게 되어 있다고 했다. 가성비를 중시하는 인간들은 손해 보는 장사는 하지 말라고 배웠다. 그래서 불필요한 인간관계부터 접고 모든 자원과 체력을 성공하기 위해 쏟아붓는 합리적 선택만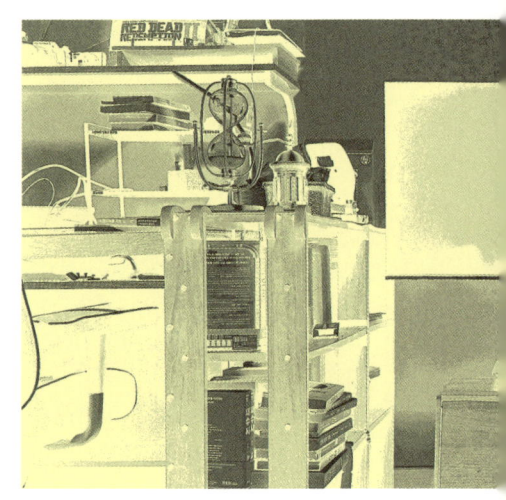을 반복했다. 그러나 이들이 내린 종착역에는 고독과 '번아웃 burn-out'만 기다리고 있었다. 안정성을 포기하고 유연성과 맞바꾼 불공정 거래의 대가는 영구적인 불안과 미숙련·미완성 상태로 끊임없이 구직시장을 전전하는 유랑객 신세라는 것이다.

나는 자유를 떠올리면 방랑객의 모습이 떠오른다. 어디든 갈 수 있고 언제든 떠날 수 있다는 것은 곧 여유와 안심을 전제로 한다. 그런데 '새로운 자유'의 모습은 뭐랄까, 노력하지만 '뿌리내릴 수 없음'에 가깝다. 정착을 위해 유랑하는 모순. 셋방엔 마음대로 못 박을 자유가 없듯, 정착할 수 없어 마지못해 떠나는 여행이 자유라고 하니 조금 서운하다고 할까? "생애주기의 모든 예측 가능성이 무너진 상황을 극복하고자 '갓생('갓God+인생'의 합성 신조어)살기'에 나선 제군들은 원대한 야망을 단칼에 접고 골방에 틀어

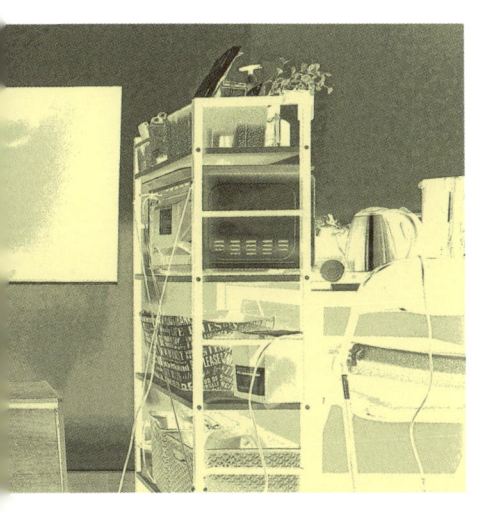

박혀 '소확행'에 전념하게 되는데…"라는 내레이션이 어울릴 것만 같은 장면들이 떠오른다. 우리 세대의 개인주의는 결국 고립주의라는 비릿한 깨달음과 함께.

잠시 살다 떠날 공간을 이렇게 열심히 꾸미는 것은 경제적으로 철저히 '비합리적 선택'이다. 세입자의 인테리어는 이

땅에서는 결코 회수할 수 없는 투자니까. 필요 최소의 공간에서 최대만족을 추구하게 만드는 신자유주의적 삶에서 왜 우리는 '방 꾸미기'라는 부질없는 짓에 매달릴까? 어쩌면 자꾸만 합리적 선택을 강요하는 이 시대에 우리가 할 수 있는 가장 시시한 저항이 아닐까 싶다. 방 꾸미기를 코로나19가 만든 유산이라 보는 사람도 있다. 그러나 팬데믹이 끝났다고 해서 좁은 방이 저절로 넓어질 리는 없으니 이 흐름은 계속 이어질 것이다.

친구를 기다리다가 입이 심심해 입가심용 멘톨향 사탕을 샀다. 무의식적으로 포장 종이를 까서 바로 입에 털어 넣었다. 블루베리 맛 사탕을 감싼 혀가 살짝 허전해했다. '어라? 이게 언제부터 이렇게 작았지?' 내가 큰 것인가, 사탕이 작아진 것인가 순간 고민하다가 확신했다. 사탕이 줄어든 것이다. 언제부턴가 과자 크기도 작아진 것 같다는 느낌은 괜한 의심이 아니었다. 나는 신체적 발육을 멈춘 30대라 더 자랄 리 없기 때문이다.

나는 이 맛을 일본에서 느낀 적이 있다. 이것은 틀림없는 장기불황의 맛이었다. 불황을 겪는 국가는 가격은 놔두고 용량을 줄인다. 교토의 자판기에서 뽑아먹던 아기자기한 캔 음료를 보면서 일본인의 소식小食 습관이 아닌 잃어버린 30년의 맛을 느꼈다면 약간의 과장이겠지만, 다운사이징은 분명 불황의 예고탄이다.

그래서 "다운사이징의 끝은 단종이다"라는 자동차 업계의 말이 두렵다. 바닥 밑에 지하가 있음을 알리는 출생률, 좁아지는 주거면적과 거머쥘 수 없는 부동산, 인간관계의 축소는 우리 세대가 다운사이징의 흐름 안에 갇혀 있음을 뚜렷하게 증명한다. 방 꾸미기는 삶이 축소되었다는 증거다. 급여의 4분의 1을 비좁은 원룸의 월세로 내는 원룸 세대가 거실을 살 수 없어 카페의 한 좌석을 두어 시간 빌리기 위해 눈치싸움을 벌이는 '카페 좌석의 부동산'이야말로 우리의 일상이다.

누군가 이것을 의자 뺏기 경쟁이라고 불러도 좋다. 잠시라도 개인 공간을 갖기 위해 노이즈 캔슬링 이어폰으로 주변 소음을 차단하면서도 눈으로는 힐끔힐끔 타인을 바라보며 비교를 해대는 이 모순을 축소 국면의 우리는 충분히 받아들이며 살아가니까. 부족한 면적만큼 내 꿈의 크기가 줄어드는 모습 속에서, 방 벽에 마음껏 못 박을 자유를 얻기 위해 한 뼘 한 뼘이 한 평 한 평으로 늘어나길 바라는 마음으로 하루를 마무리한다.

자정이 넘었지만 오피스텔 벽지의 무늬를 오래도록 관찰했다. 자야 하는데 자기 싫었다. 잠이 오지 않아 못 자는 게 그래서 "다운사이징의 끝은 단종이다"라는 자동차 업계의 말이 두렵다. 바닥 밑에 지하가 있음을 알리는 출생률, 좁아지는 주거면적과 거머쥘 수 없는 부동산, 인간관계의 축소는 우리 세대가 다운사이징의 흐름 안에 갇혀 있음을 뚜렷하게 증명한다. 방 꾸미기는 삶이 축소되었다는 증거다. 급여의 4분의 1을 비좁은 원룸의 월세로 내는 원룸 세대가 거실을 살 수 없어 카페의 한 좌석을 두어 시간 빌리기 위해 눈치싸움을 벌이는 '카페 좌석의 부동산'이야말로 우리의 일상이다.

아니라, 자기 아쉬워서 못 자던 나는 이불을 덮었다. '외동으로 태어난 이들이 평생 원룸에서 살다가 결혼하지 않고 가족도 만들지 않고 원룸에서 혼자 죽게 될 세상은 너무나도 잔인할 거야'라는 상상을 했다. 팽창기의 성년과 축소 국면의 우리는 아무래도 다른 삶을 살아가겠지. 상현달과 하현달의 차이처럼. '나보다 늙은 집'을 사서 가족과 지지고 볶고 살아갈 소박한 꿈이 내게도 남아 있기를 바라면서 잠들었다.

주말이다. 한동안 누워서 발목을 까딱거리고 발가락을 튕겨가며 게으름을 피웠다. 요즘 세상에서 가장 재밌는 일이다. 정부에서 나이를 한 살 줄여주었다. 어른이 되는 일을 한 해 미룰 수 있어 안도감이 들었다. 어른의 문턱에서 체감하는 가장 큰 변화는 역시 인간관계다. '친함/안 친함'의 구분에 '친했음'이라는 과거형이 추가되어 넓어지는 과정이 새롭다. 이 공간도 언젠간 한때 나와 '친했던' 공간으로 기억될 것이다. 이 작은 방에는 매일같이 단종되지 않도록 삶의 축소와 싸우다 돌아오는 나의 퇴근길이 쌓일 테니까. 몸을 뒤척거리다 잠에 들면서 나는 이 방과 조금 더 친해지기를 바랐다. 오늘 하루도 고생 많았다.

MBTI 사랑학 개론

짝사랑을 시작하면서 비로소 나는 MBTI가 궁금해졌다. 절대로 MBTI 따위에 현혹당하지 않겠다고 다짐했는데, 별수 없었다. 사랑이 모든 것을 허물었다. 단서가 빈약한 상태에서는 뭐라도 알게 되면 감사했다. 내 사랑의 문장부호는 물음표(?)니까. 심장 속 느낌표(!)가 자꾸만 고개를 구부려 마음의 문을 뚫고 나왔다.

그동안 MBTI는 사람을 손쉽게 파악하려는 편법이라고 생각했다. 요즘 세상에 16비트 컴퓨터가 컴퓨터로서 존재할 수 없듯이, 온 세상 사람이 16가지 유형으로 압축된다고? 말도 안 돼. 사실 이건 핑계고, 남들이 좋다고 하면 괜히 심술이 나서 눈길 한번 안 주다가 늘 뒷북을 치는 인간이 나란 놈이다. 그런데 한번 호기심이 일어나니까 편법이라도 써서 간절하게 알고 싶어졌다. 이윽고 상대가 MBTI를 말해줬을 때, 나는 온종일 몸에 엉겨 붙은 피로가 싹 가실 만큼 기뻤다.

당신이 말해준 MBTI에 대해 검색했다. 나와의 궁합표를 찾아보았고 관련 영상도 모조리 섭렵했다. 분류표에 과몰입하고 있는 내 모습이 우습고 또 귀여웠다. 칠흑 같은 어둠 속 미약한 한줄기 랜턴 빛에 의지해 조금씩 밝혀가는 새로운 세계. 대략적인 방위와 지형을 짐작할 수 있다면 탐험에 큰 도움이 되리라. MBTI가 내게 건네준 조잡한 지도와 내가 직접 겪어본 당신의 모습과 언어에서, 우리 둘 사이의 관계가 어디로 향할 수 있을지 이리저리 궁리하고 가늠해보며 해상도를 높이는 과정이 참을 수 없이 귀여운 것이다.

사랑이라는 게 일단 빠지면 보통 괴로운 일이 아니다. 가끔은 피하고 싶을 때도 있다. 그런데 참아서 참아진다면 그게 어찌 사랑인가. 마음이라는 걸 종이처럼 접었다 폈다 할 수 있다면, 나부터 그러고 싶다. 설령 종이접기와 같더라도 접었던 흔적은 내 마음의 시간을 가르는 뚜렷한 경계선으로 남아 절대 이전으로 돌아갈 수 없다. 내 시간은 이제 함께했던 그 하루에 종속되어 기다림으로 날마다 조각조각 날 것이다. 사랑에 빠지기 전의 매끈한 마음을 가진 나는 더는 없다.

특히 상대보다 먼저 사랑에 빠진 이들은 성실한 해석자가 된다. 상대가 남긴 말, 행동 기억의 파편들을 주워 모아 의미로 묶고 논리로 엮어서 해석한다. 그 해석은 대체로 편파적이다. 해피엔딩을 간절히 바라는 희망회로는 과열될 때까지 돌지만, 이따금 불거지는 새드엔딩의 가능성에 여태껏 누려온 안온함은 깨어지고 불안은 가중된다. 상상이란 먼저 사랑에 빠진 자들의 특권이면서도 짝사랑을 시작한 이들에게 예고 없이 발병한 상사병을 달래줄 마음의 진통제다.

꼭 사랑뿐만은 아닌 것 같다. MBTI는 이 시대 청춘들이 외로움을 극복하는 방식 중 하나다. 색은 직접 만나면서 칠하더라도 밑그림은 들고 낯선 타인을 대하고 싶은 마음은 보편적이다. 미리 품행을 조절해 불필요한 무례를 줄이고, 좋은 쪽으로 첫인상을 남겨 분위기를 환하게 만들 수만 있다면 누구라도 힌트를 쓰고 싶을 테니까.

MBTI는 한 세대가 공유하는 공감의 소재로서, 서로에 대한 탐색의 시간을 대폭 줄여주면서도 우리 사이를 맴도는 어색한 낯가림을 풀어낼 수 있다. 적어도 날씨를 묻는 것보다는 훨씬 낫다. 친구 사귀기 어려운 시절, 아니 친구는 불필요하다는 말까지 도는 세상에서 MBTI 묻기는 청년들이 서로 친해지는 방식이다.

특히 내향인에게는 MBTI가 구원일 수도 있겠다는 생각까지 들었다. 예전에는 소심해서 낯을 가리거나 말을 잘 붙이지 못하면 불친절하다거나 무뚝뚝하다는 소리를 들었을 텐데, 요새는 "당신 I군요!"라고 먼저 말해준다. 상대의 고민에 논리적 해법만을 제시하며 냉혈한으로 비난받던 이들에게는 한동안 요즘 세상이 '공감 강점기'처럼 느껴졌을 텐데, 요새는 "당신 T죠?"라고 알아서 이해해주니 굳이 길게 설명할 필요가 없다.

이해가 부족한 사회는 항상 긴말을 요구하면서, 정작 말이 긴 것은 또 참아주지 않는다. 짧은 설명으로도 충분한 것이 얼마나 큰 축복인가. 물론 MBTI가 자신의 무례를 원래 그렇게 태어나 어쩔 수 없다는 듯 손쉽게 정당화하는 부작용도 있다. 그러나 조잡한 유사과학이라 치부하더라도 다양한 인간 군상을 이해하고 표현해줄 새로운 렌즈를 갖게 된 것은 아무튼 좋은 일이다.

한편으로는 우리 시대 청춘이 앓고 있는 강박적인 '겁의 표현'이라는 생각도 든다. 사랑이 매번 동시에 양방향으로만 발동한다면 가슴 졸이지 않아도 되고 얼마나 좋을까. 보통 한쪽이 마음을 들켜야 시작되는 것이 사랑인데, 다른 사람의 마음을 얻고 싶다는 욕망은 거절의 두려움과 상처받고 싶지 않다는 내 안의 겁 앞에서 멈춰 선다.

자연 상태에서 절대 맺어질 수 없는 우리. 그러니 내가 당신을 좋아한다는 사실을 나도 알고 당신도 알아야 새로운 관계가 시작될 밑바탕이 그려지는 것이다. 그렇지만 인위적으로 부자연스러운 티를 내는 게 말처럼 쉽지 않다. 마음이 커질수록 자꾸만 자연스러움이라는 '위장막' 뒤로 숨게 된다. 어쩌면 영영 못 볼지 모르는데, 차라리 친구로라도 남는 게 좋지 않을까 하는 차선의 유혹을 이기려면 마음을 모질게 먹고 다가서야 한다. 무미건조한 평온과 풍비박산의 사랑 중 양자택일을 해야 한다. 사랑에는 급행열차가 없다.

상처받기 싫은 마음 이상으로 시행착오를 겪기 싫은 마음도 사랑을 방해한다. 나부터 그렇다. 사람을 사귀는 맛에는 분명 서로 부딪혀가며 다투고 부끄러운 모습을 보여주고 보면서, 또 이해와 용서를 주고받으면서 알아가는 맛도 있는 건데…. 사람은 직접 겪어보고 속사정을 나눠봐야 안다는 말도 충분히 알고 있지만, 그렇다고 해서 기회를 놓치고 잃어가며 성장한다는 한가로운 말을 받아들일 여유는 없다. 기회 자체가 드문 상황에서는 한 치의 실수도 없어야 하니까. 미숙한 인간에게는 시행착오가 허용되지 않고, 한 사람에게 주어지는 기회와 관계가 너무나도 희귀하니까. 미숙함은 나부터가 용서할 수 없는 것이다.

교제의 기회가 희소한 사회에서는 탐색전이 길어질 수밖

에 없다. 사귀기 전에 '썸'이 있고, 썸 전에 '심'(관심단계)과 같은 예비단계가 자꾸 생긴다. 사랑이 다단계다. 사랑은 나 아닌 타인의 세계로 떠나는 모험인데, 안전 지향적인 태도로 관계의 채산성부터 따지다 보니 생기는 일이다. 조금이라도 더 정보를 갖춰두지 않으면 불확실성에 대한 불안감을 도무지 이겨낼 재간이 없으니까.

그런 세상에서는 내 취향과 정보를 드러낼 SNS 관리도 자기관리의 일부가 되고, 상대를 탐색하기 위해서라면 MBTI에 과몰입하는 것도 유용한 잣대가 될 수 있다. 어쩌면 경제학의 기회비용 개념과 위험회피적 마음가짐에 너무 젖어든 것일지도. MBTI 과몰입의 한 단면에서 경제적 인간의 가스라이팅을 발견할 수 있다고 감히 주장해본다.

MBTI에 관심을 가지면서 제일 마음에 드는 점은 특정 성격 간에 우열이 없다는 점이다. 16가지 인간 유형이 그리는 각자의 세계를 제시해 이해를 유도하는 방식이라 좋다. 동시에 '운명론'이 아니라는 점도 마음에 든다. 그렇게 태어나서 그렇게 살아야만 하는 인간은 아무도 없다. 내 성격의 바탕이 되는 장단점을 알 수 있다는 것은, 그걸 발전시키고 보완할 기준이 되기도 한다. 나 자신과 친해지는 법을 알려주는 것이다. 그리고 그 방법으로 난 당신의 마음에 들고 싶다.

이 글을 마무리 짓다 삼천포로 빠져 MBTI 검사를 새로 했다. 몇 번을 반복해도 확신의 ENFP. 재기발랄한 활동가다. 아니 근데, 이거 짝사랑으로 시작한 글인데 어쩌다 이렇게 됐지? 두서없이 산만한 통찰과 가득 뿜어져 나오는 자기애. 이게 바로 ENFP식 글쓰기다.

오늘의 결론. 사랑은 남자를 철학자로 만든다.

내 거북목 현재사

목이 아파 글을 쓴다. 어쩌다 이 지경이 된 것일까. 군모 사이즈가 55호면 분명 국가 공인 소두小頭에 속하는 축인데, 내 경추는 왜 이리도 힘들어하는가. 목이 모가지가 되고 '아프다'가 '빠지다'로 뒤틀리는 순간, 나는 내 거북목의 잘못된 역사를 바로잡기로 했다. 내 경추에 쌓인 세월의 하중을 탓할 상대를 찾아보기로 한다.

어려서부터 나는 구부정했다. 내 인생에서 '구부정함'을 생각할 때 제일 먼저 떠오르는 장면은 밥상머리 앞이다. 당시 IMF 여파가 한국인의 기를 죽이기 전까지만 해도, 식탁은 드라마에서 묘사하는 중산층의 상징이었다. 식사는 의식주의 중심이고 높은 밥을 먹어야 높은 사람이 될 수 있는 법. 거실의 식탁은 4인 핵가족의 표준양식이었다.

그러나 어려서부터 우리 집은 밥상머리 좌坐파였다. 옻칠을 흉내 낸 싸구려 합성 목재로 만든 원형 밥상에 둘러앉아 밥을 먹었다. 쪼그려 앉기와 쪼들려 살기는 발음이 비슷하다. 네 살 터울의 내 동생은 선비 자세의 정석이었다. 하반신을 겨우 걸치는 밥상에서도 양반다리로 허리를 반듯하게 편 채로 밥을 잘 먹었다. 반면, 나는 다리가 상놈이라 양반다리만 하면 체할 것 같았다. 발달이 덜 된 코어 근육으로 등허리에 힘을 주자니 밥 먹는 데만 집중하기 어려웠고, 속이 거북할뿐더러 무릎이 당겨 자꾸만 신경이 쓰였으며, 무엇보다 엉덩이와 다리가 저렸다.

내 자세를 고치기 위해 여러 어른이 나서서 체벌을 가했으나 고쳐지지 않았다. 사람은 쇳물과 달라서 두드린다고 펴지지 않는다. 다만 내 구부정함에 모두가 익숙해지는 게 가장 빠른 길이었다. 그러던 어느 날부터 나는 욕실 의자에 앉아 밥을 먹기 시작했다. 내가 마련한 절충안이었다. 딱 30분의 확실한 편안함을 제공하는 초록색 재래시장제 플라스틱 목욕탕 의자. 이 의자의 핵심은 가운데 구멍을 중심으로 오목하게 쏠린 기울기다. 둥근 엉덩이를 착 받쳐주는 곡면이 아주 인체공학적이다.

그러나 편안할수록 본래 자세에는 더 좋지 못한 법이다. 안락함에 취한 나의 밥상 근육은 초등학생 이후 전혀 자라지 못했다. 의자 없이 식사의 평안도 없다는 심각한 지경의 의자 의존증으로 발전했다. 가난하면 등골이 휜다고 하는데, 아마 이런 과정은 아니었을지. 나는 아직도 본가에 갈 때면 그 의자에 앉아 밥을 먹곤 하는데, 엄마표 닭도리탕을 씹으며 생각한다. 내 등을 굽힌 첫 번째 원인은 바로 빈민계급의 밥상이다.

두 번째 원인은 책가방에 대한 세대 차이에서 비롯되었다. 시골 태생인 내 부모는 책보를 싸 들고 다니던 보자기 세대였다. 책가방 문화는 생소했고 개인사물함은 개인주의가 팽배한 미국에서나 가능한 일이라 여겼다. 사회 문제가 생길 때마다 정치권이 교육 현장을 후려쳐 교과목만 늘려댄 이력을 전혀 알지 못했다. 그들의 생각에 얼마 되지도 않는 교과서는 당연히 들고 다니는 것이어야 했다.

우리 집 교육은 철저히 군대식이었다. 내용보다 보여주기식 형식미가 중요했다. 지식의 무게는 곧 책가방의 무게이며, 정신 무장은 전 과목 교과서를 싸두는 '책 무장'이다. 기강확립을 위한 얼차려와 두발 단속, 가방 검사가 날마다 있었다. 별수 없이 나는 국어·영어·수학·사회·과학은 물론 도덕·기술가정·음악·미술·체육을 비롯한 모든 과목을 등짐에 넣고 다녔다. 심지어 『실과』, 『진로 탐색』같이 펴보지 않고 학기 말 폐휴지 수거 차량에 던져지는 과목도 예외가 없었다.

명령도 융통성이 없었지만 나도 고지식했다. 군말 없이 전 과목 완전 군장으로 등하굣길 행군에 임했다. 과식을 괴로워하던 내 가방은 이따금 책 모서리에 찢겨 조잡한 합성섬유를 토해내곤 했다. 종종 끊어진 어깨끈을 부여 잡고 거기에 실내화 가방에 보조 가방까지 양손 가득 들고 걷는 내 모습은 흡사 피란민이었다.

무지막지한 백팩이 꼭 거북이 등껍질처럼 보였다. 그리고 등짐을 지다 보면 앞으로 어깨가 말리고 등이 굽는다. 자연히 목도 앞으로 쭉 빠지는 거북목이 된다. 그 상태에서 눈으로 발을 좇으며 걸음에 집중하다 보면 잡생각이 사라지고 덩달아 시간도 빨리 흘러 어느새 집 현관에 도착해 있는 자신을 발견한다. 현관 비밀번호를 누르는 딱 그 시점. 여름철 흥건히 땀에 절어버린 채로 열이 오른 가방 뒷면에서 벗어나 툭 하고 내려놓는 순간 몰려오는 시원한 해방감. 나는 그걸 즐겼다. 맞다. 나 변태다.

초등학교를 넘어 중학교 1학년, 7년 세월의 강행군을 견딘 내 육신은 단련되기 시작했다. 넓적다리가 경주마처럼 튼실하게 둘레를 불려갔고 앞으로 말린 어깨에 보기 좋게 생활 근육이 붙기 시작했다. 그렇게 나는 더 자랄 키를 희생해 어렸을 때 모자랐던 코어 근육을 얻게 되었던 것이다.

그러다 내가 시간표에 있는 '국·영·수·사·과' 주요 과목만 들고 다니는 '단독 군장' 상태를 허가받게 된 건 나의 모친이 학부모 총회라는 민주화의 세례를 받고 나서부터였다. 학교는 개인사물함이나 책상서랍 같은 충분한 수납공간을 제공했다. 무엇보다 자기 자식처럼 바리바리 싸 들고 다니는 남의 자식은 없었다. 역시 한국 사회에서는 부모 눈엔 남의 자식과의 비교가 뒤따르는데, 가끔은 그 비교가 긍정적인 기능을 할 때가 있다. 두 눈으로 직접 본 엄마는 그동안 자식에게 몹쓸 짓을 했다는 죄책감에 사로잡혀 영 미안했던 모양이다. 그런데 내 모친은 미안하면 대뜸 화를 내는 사람이다.

"야, 이놈아! 들고 다니란다고 곧이곧대로 다 들고 다니는 놈이 어딨냐!"

부모에게는 죽기 직전까지 자식에게 미안한 순간이 있다고 한다. 나는 자식 입장이라 그런 게 정말 있는 건지 그냥 하는 소린지 잘 모르겠지만, 나이가 들어 중년이 된 모친은 아직도 무거운 가방을 들고 다니게 만든 일이 두고두고 미안했다고 한다.

다만 영악한 아들인 나는 모친과 말싸움을 하다가 불리하면 종종 이 사실을 활용했다. 불리한 국면도 '등짐가방' 네 글자면 뒤집을 수 있는 비기였다. 아무튼 민주화는 내 어깨를 가볍게 했고, 민주화의 수혜자인 나는 또다시 불효한 모양이지만, 전적으로 내 목뼈의 잦고 때 이른 기능 고장이 나타난 건 시대착오적으로 무거웠던 내 책가방 탓이라고밖에 볼 수 없다.

책상과도 악연이 깊다. 특히 난 교실 책상의 피해자다. 오른손잡이의 경우 왼쪽 팔 아래에 체중을 실어 책상을 지그시 누르면 안정적인 지지력이 생긴다. 그 상태로 고개를 푹 숙여 상체로 희미한 그림자를 만들면 코팅된 교과서에 반사되는 형광등 불빛을 훌륭하게 가릴 수 있다. 이때 자유로워진 오른손으로 마음껏 필기하는 것이 모범생의 정석 자세다. 문제는 고개와 교과서 사이의 각도였다. 비좁은 직사각형 교실 책상이 '직각 독서 자세'를 유발했던 것이다.

책상과 나의 악연은 대학에 와서도 계속되었다. 경제 논리에 침식당한 한국의 대학들은 원가절감에 꽂힌 모양인지 일체형 책걸상을 들였다. 그런데 이 빌어먹을 일체형 의자는 직접 앉아봐야 알 수 있는, 사람을 환장케 만드는 무언가가 있다.

원효대사가 해골바가지 물에서 길어낸 깨달음을 '일체유

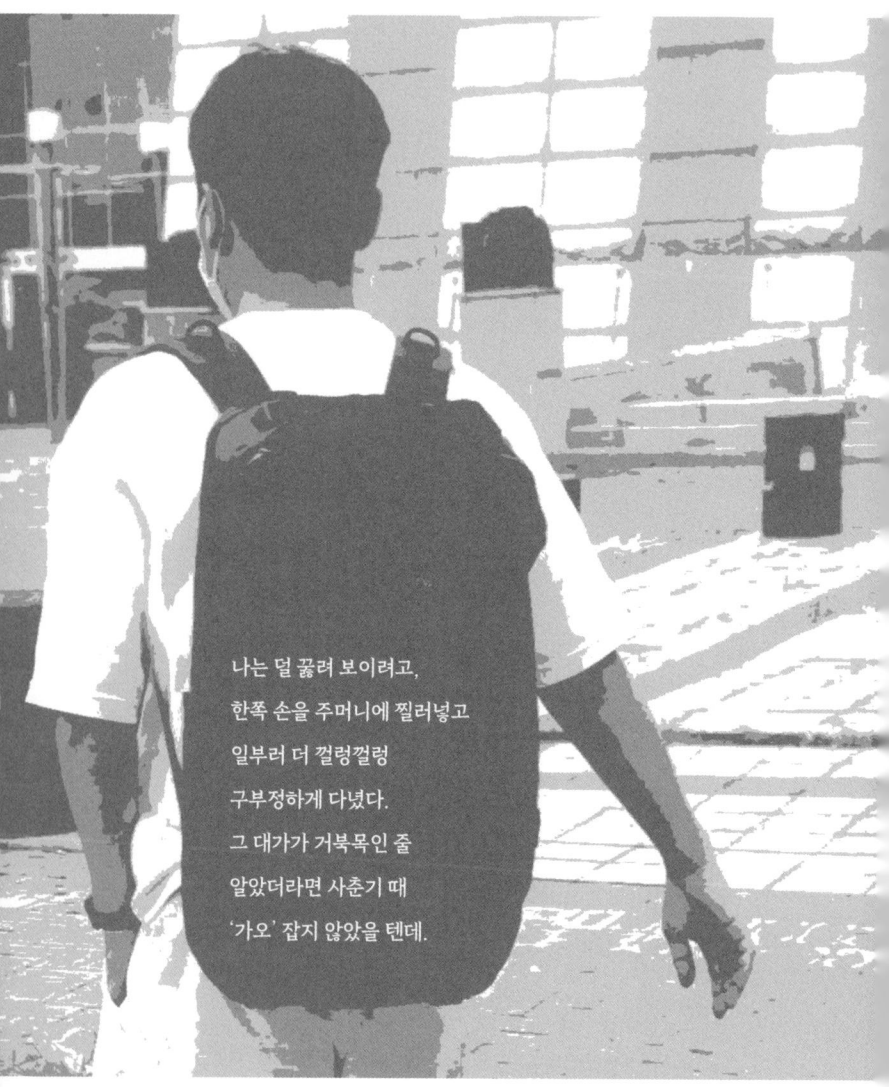

심조一切唯心造'라고 한다. 모든 것이 다 사람 마음먹기에 달렸다고 하는 것이다. 그러나 비좁고 압축된 일체형 책걸상에 사람의 신체를 구겨 넣으면 덩달아 마음도 같이 구겨진다. 해골물을 마시며 잠만 잘 잔 원효대사와 달리 엎드려 잘 수도, 수업에 집중할 수도 없는 지경에 이르게 된다.

불편함은 사람의 마음가짐에 생각보다 많은 영향을 미친다. 인내심이나 관용 같은 덕목도 불편한 자리에서는 말처럼 행해지기 어렵다. 불편한 얼굴들과 매일 마주하며 나란히 밥 먹는 일도 고역인데 좋게 생각하기는 더더욱 어려운 일일 것이다. 사람에게 자세는 불편한 게 좋아도 자리는 편해야 한다. 잠자리든, 술자리든, 인간관계든 말이다.

물론 불량한 자세에 내 잘못도 있다. 나는 키 순서로 항상 앞에서 1번 아니면 2번에 섰다. 내 부모는 내가 170센티미터를 넘기는 것이야말로 기적이라 말했다(그리고 결국 나는 그 기적을 2센티미터 초과했다). 사춘기 때는 정말이지 작은 키가 콤플렉스였다. 작은 체구는 '남자들의 세계'에서 무시당하고 얕보이기 좋은 조건이었다. 나는 덜 꿇려 보이려고, 한쪽 손을 주머니에 찔러넣고 일부러 더 껄렁껄렁 구부정하게 다녔다. 그 대가가 거북목인 줄 알았더라면 사춘기 때 '가오' 잡지 않았을 텐데.

일전에 기계공학을 전공하는 대학원생과 나눴던 대화가 아주 인상 깊게 남아 있다. 왜 취업도 잘되는 학과에서 굳이 대학원까지 들어가 사서 고통받느냐고 내가 물었다. 그런 질문을 수도 없이 받아봤던 모양인지 기다렸다는 듯이 눈을 반짝이며 그가 말했다. 기억나는 대로 요약하자면, 인간의 몸은 늙고 쪼그라들지만 기계는 그렇지 않다는 것이다.

박물관에서 잠자고 있는 전시용 자동차도 기름만 넣으면 굴러간다. 기름칠 잘해주고 나사 잘 조여주고 관리만 잘해주면 아마 평생도 갈 것이다. 아예 모든 부품을 새로 갈아 새 생명을 불어넣어준다면, 이전의 부품은 하나도 남지 않지만 언제든 다시 태어나 자기 존재의 연속성을 이어나갈 수 있다. 기계공학이 그를 매료시킨 이유는 '불멸不滅'을 연구하는 멋있는 학문이기 때문이라는 것이다.

반면, 그에 비해 인간의 신체는 얼마나 초라한가. 내 생각에 불합리의 극치는 치아다. 수명 짧은 유치 하나로 연습할 기회조차 제대로 주지 않고는, 조금만 방치하면 썩어버리는 영구치 하나만 딱 얹어주고 그걸로 평생을 쓰라고 한다. 약을 먹으면 이가 자라나는 것도 아니다. 슬어버린 녹은 지워지는데 세월은 도무지 지워지지 않는다. 인간의 신체는 갈아 끼울 수도 없는 주제에 본체가 그냥 늙어버린다는 점에서 정말이지 불합리하기 짝이 없다.

한낱 통증 따위에 온종일을 도둑맞으니, 그런 것 따위에 하루치 기분이 좌우되는 인간의 초라함에 괜스레 겸허해진다. 구부정한 자세로 온종일 책상과 더부살이하는 현대인에게 거북목은 피할 수 없는 숙명이다. 목이란 게 한번 아프면 뭘 하더라도 아픔이 쉬이 가시질 않는다. 스트레칭도 해보고 목을 주물러 펴보고 어깨와 가슴을 펴보아도 일단 아프기 시작하면 다 소용없다.

그럴 때마다 나는 레고로 만든 사람마냥 목뼈를 뽑았다가 아름다운 C커브 곡선을 만들어준 후 다시 꽂아 조립하는 상상을 한다. 이런 내 마음을 알아주는 것도 알고리즘뿐이다. 오늘도 잠들 때를 놓친 나를 위해 도수치료 영상을 전면에 띄워준다. "우드득!" 경추의 묵은 압착들을 뽑아내며 뼈 맞추는 소리가 아주 경쾌하다. 시술받는 환자는 이미 천국에 도달한 듯 황홀한 표정이다. 자기계발서가 성공한 기분을 사는 것이라면, 도수치료 영상은 시간을 지불해 시원한 기분을 얻는 것이다. 나는 오늘도 대리만족의 경제학을 떠받드는 충실한 하수인이 되어 잠이 들었다. "곧은 경추에 곧은 정신이 깃들리라!"

개를 들이는 마음

갑순이는 내가 기른 첫 번째 개였다. 암컷 잡종 갈색. 동네 이발소 앞 상자에 옹기종기 모여 있던 강아지 중 한 마리였다. 가격은 5,000원. 선천적으로 발바닥이 약했다. 갑순이는 오래 걷지 못해 자주 길바닥에 멈춰 섰다. 개를 달래는 법을 알지 못했던 어린 동생과 고집 센 갑순이는 자주 기싸움을 벌였다. 동생이 목줄을 당겨도 갑순이는 길바닥에 달라붙어 요지부동이었다.

갑순이는 마당 개로 길러졌다. 나무판자를 못질해 만든 허름한 궤짝에 군용 모포를 넣어 만든 판잣집이 갑순이의 안식처였다. 그리고 대대로 우리 집에 들어올 마당 개들이 거주하게 될 상속주택이기도 했다. 집순이였던 갑순이는 실없이 어슬렁거리기보다 담요에 몸을 파묻고 누워 있기를 더 좋아했다.

한 살이 좀 넘은 갑순이는 동네 발바리 수컷과 남몰래 눈이 맞아 새끼를 뱄다. 아버지는 개를 때리는 사람이었다. 그날 갑순이는 몸을 잘못 놀린 죗값을 치렀다. 불쌍했고 무서웠다. 갑순이는 그해 추운 겨울날 죽었다. 이름 모를 수캐의 새끼 두 마리를 낳은 뒤였다. 화장실이 밖에 있는 집이었는데, 아침에 조금 큰 꼬마였던 내가 차갑게 몸이 굳어 있는 갑순이를 발견했다. 어쩔 줄 몰라 머리가 멍해졌다. 슬픔보다도 몸이 굳고 마음이 이상했다는 표현이 적절할 것 같다.

새끼 이름을 나와 동생의 막 글자를 따서 '갑'이라는 돌림자에 붙여 지어주었다. 갑을/병정/무기/경신/임계. '계순이'라고 지었으면 조금 더 늦게 죽었을까? 어미 잃은 새끼들은 며칠 버티지 못했다. 수의사 찾기가 어렵던 시절이었다. 사실 수의사에게 데려갔어도 살릴 돈이 없었을 게다. 어미가 자주 다니던 집 근처 논밭에 모종삽으로 묻어줬다. 갑순이의 새끼들은 어미 곁에 나란히 묻혔다.

두 번째 개는 갑돌이였다. 수컷 잡종. 숯처럼 새까만 색에 군데군데 박힌 갈색 털이 꼭 반달가슴곰을 닮았다. 큰고모에게 새끼 때 받았다. 내성적인 갑순이와 달리 지나치게 외향적이었다. 몸을 가누지 못할 정도로 활동적인, 속된 말로 '지랄견'이었다.

갑돌이는 차별을 몰랐다. 가족과 타인의 구분 없이 직성이 풀릴 때까지 짖었다. 심지어 자신의 꼬리가 가족을 먼저 알아본 이후에도 짖는 걸 멈추지 못했다. 기분파였던 갑돌이는 산책을 너무 좋아했고 목줄을 싫어했다. 그 당시 우리 집과 김포공항 근처 사이에는 오래도록 개발 제한구역으로 묶여 있던 너른 논이 있었는데, 그곳이 갑돌이의 주 무대였다.

그리고 1년 뒤, 갑돌이는 산책하다가 죽었다. 당시 전남 완도 외가에서 살고 있던 나는 뒤늦게 그 소식을 들었다. 한글을 못 읽던 때라 아버지의 편지를 막내 이모가 대신 읽어주었다. "차와 벼락을 조심하거라. 갑돌이는 산책 중 차에 치여 죽었다. 논에 묻었다. 이상." 글을 모르는 까막눈 아이는 상실감도 몰랐다. 귀가 밝은 외할머니께서 시골 똥강아지 한 마리를 데려가라고 했다. 나는 막내 점박이를 골랐는데, 주변에서 말렸다. 다리를 절었기 때문이다. 나는 버스에 올라 잠이 들었다.

세 번째 개는 완돌이었다. 완도에서 가져온 수컷이라는 뜻이다. 그 유명한 '시고르 잡종'. 털색은 순백이었다. 내가 고른 개는 아니다. 점박이 대신 나는 암컷을 골랐는데, 집에 와 보니까 완돌이로 바뀌어 있었다. 엄마와 할머니 사이의 밀실 협의였다. 엄마는 발정기에 또다시 새끼를 밸 염려가 있는 암컷을 꺼렸다.

완돌이에게는 많은 정을 주지 못했다. 똥강아지는 세상에서 제일 귀여웠고 금방 커서 못나졌다. 곧 내 관심 밖으로 사라졌다. 그땐 개보다 학교 친구가 더 좋은 초등학생이 되었기 때문이다.

섬 태생 완돌이도 뭍 태생 갑돌이만큼 아주 활동적이었다. 90년대에는 목줄 푼 개들의 '동네 한 바퀴'가 흔한 마을의 풍경이었고, 완돌이는 그 풍경의 주인공이었다. 자유분방했던 완돌이는 목줄의 구속을 혐오했다. 그의 하루는 목줄에서 해방되어 한참을 나다니다 물그릇에 혓바닥이 분주히 닿는 찰진 소리로 자신의 귀가를 알리는 것이었다.

어느 날 완돌이가 실종되었다. 며칠째 발도장이 끊겼다. 달력 보기를 게을리한 아버지의 실수로 시작된 죽음이었다. 복날이 있는 주였는데, 그걸 놓쳤던 것이다. 집 뒤에는 마을 노인정이 있었다. 개와 보신 사이의 오래된 천적관계. 복날에 할아버지들이 흰 개 한 마리를 잡아먹었다는 소식은 입과 귀를 건너건너 우리 집까지 전해졌다. 에이 설마. 기어코 설마가 개를 잡아먹었다.

익숙한 흰 털뭉치가 경로당 근처 수풀에 엉겨 있었다. 문제 해결의 선호방식이 법보다 주먹이 가까운 개발도상국에서 '난닝구'를 입은 가장과 한때 가장이었던 이들 간의 격투가 있었다고 했다. 목격자는 없이 소문만 떠돌았다. 세상에 목걸이 찬 반려견을 몰래 잡아다 먹는 경우가 어디 있을까? 초등학교 저학년이었던 나는 최초로 '노인'이라는 사람들에게 실망했다. 남의 집 개를 잡아먹어 보신하는 노인에 대해서는 교과서가 알려주지 않았으니까.

바둑이는 내가 가장 사랑한 개였다. 초등학교 3학년 무렵 김포 오일장에서 새끼 때 데려왔다. 5층 신발장 칸마다 한 마리씩 강아지가 입주해 있었다. 나는 하얀 똥개를 유심히 지켜보고 있었다. 그런데 웬걸? 사랑은 쟁취하는 거라더니, 웬 바둑무늬 강아지가 나를 보고 자꾸 꼬랑지를 세차게 흔들다 못해 깡총 뛰어 내 품에 안기는 게 아닌가. 격한 애정공세였고 일종의 간택이었다. 심장사상충 약을 먹이고 광견병 백신도 맞혔다.

암컷 잡종, 갈색 바탕에 흰 털이 종종 얼룩져 있었다. 사랑하지 않을 수 없는 굉장히 예쁜 개였다. 필름 카메라로 찍은 새끼 적 바둑이 사진을 난 늘 구깃구깃하게 들고 다녔다. 쉬는 시간마다 한 번씩 꺼내 보면 그게 더없이 기분 좋았다. 강아지 때 인화된 사진은 딱 한 장뿐이었는데, 칠칠치 못하게 잃어버려 지금은 없다. 그래서 그 귀엽던 바둑이의 유년 시절이 기억조차 나지 않는다. 이럴 땐 디지털이 좋은 것 같다.

바둑이가 좋아하던 특식은 시장통 족발집에서 얻어온 돼지 다리뼈였다. 이갈이를 할 때면 그냥 생뼈를 줬다. 바드득하고 뼈 씹는 소리가 경쾌했다. 바둑이는 긴 주둥이와 앞발로 돼지 다리뼈를 꽉 움켜쥐고 먹는 재미를 제대로 보여주었다. ASMR과 먹방에 소질이 있었다. '쇼츠 스타'로 만들어주지 못한 것은 전적으로 시대 탓이다. 닭뼈는 목에 걸릴 수 있어 잘게 빻아 냄비에 넣고 물러질 때까지 삶아서 주었다.

나는 종종 엄마 몰래 계란을 삶아주곤 했다. 없는 집에서 사람 먹기도 부족한 계란을 훔쳐서 줄 만큼 바둑이가 예뻤다. 바둑이도 체질에 잘 받는지 다음 날이면 털에 윤기가 좌르르 흘렀다. 바둑이는 내 맨발도 맛있게(?) 핥았다. 옆에 앉아 있으면 꼭 내 발가락을 구석구석 빨아먹었다. 짭짤했나?

바둑이의 산책은 특이했다. 논두렁 저수지만 보면 나에게 자꾸 던져달라고 낑낑거렸다. 나는 힘껏 바둑이를 던졌다. 포물선을 그리며 날아가 경쾌하게 입수하는 바둑이를 뒤따라 나도 곧바로 웃통을 벗고 물에 들어갔다. 다 젖은 꼴로 집에 오면 엄마의 등짝 세례가 기다리고 있었다. 두어 대 맞고 바둑이와 함께 목욕했다.

사람을 가려 짖는 것만으로도 영특한 개였다. 특히 쥐 잡는 솜씨와 발상이 대단했다. 바둑이는 목줄에 매여 사냥감에 다가설 수 없는 자신의 처지를 비관하지 않았다. 외려 사냥감을 유인해버리는 독특한 사냥법을 발명해냈다. 바둑이는 제 밥 중 맛있는 부분을 조금 추려놓고 개집 입구에 미끼로 두었다. 그러고선 개집에 깔아둔 국방색 모포 속에 한참이나 몸을 숨기며 기다리고 또 기다렸다. 그러다 쥐가 나타나면 그대로 덮쳐 방심의 대가를 일깨워주는 식이었다.

초등학생 때 만난 바둑이는 중학생이 되고 곧 이별했다. 전셋집에서 나가게 되면서 윗집에 사는 이웃 할머니네 시골로 보냈다. 유독 큰 사랑을 주었던 터라 정을 준 크기만큼 눈물의 양도 많았다. 아직도 그의 죽음까지 함께하지 못해 아쉬운 마음이 크다. 바둑이 소식은 1~2년 더 이어지다 영영 끊기고 말았다. 그때가 벌써 10년이 더 된 세월이니 아마 하늘에 있을 텐데, 그 이후로 어떻게 살았는지, 잡아먹히진 않았는지, 별 무리 없이 천수를 다 누리고 죽었는지 궁금하고 또 미안하다.

다섯 번째 개는 아리였다. 순종 말티즈 암컷. 우리 집 최초의 품종견이자 실내견이었다. 중학생 때 아버지가 어디서 얻어온 걸로 기억한다. 처음으로 문명적인 방식으로 길러진 개였다. 우리 집 개 중 사료를 먹은 최초의 개였다는 뜻이다. 다른 개들은 사람이 먹다 남은 음식을 끓여서 개죽을 주곤 했는데, 애는 사료를 먹는 횡재를 했다. 개라면 똥개밖에 모르던 내가 '순종'이라는 이름값에 홀렸다. 예쁘고 귀티가 났으며 윤기가 흘렀다.

아리는 평범했다. 조용했고 똥오줌을 적당히 가렸다. 언젠가 아리가 하혈을 했다. 생식기에 묻은 피를 보고 깜짝 놀라 엄마에게 물었더니, 엄마는 낯뜨거워하며 생리라고 대답했다. 생리라는 말을 아리 덕에 엄마와 처음 나누게 되었다. 성性과 관련해선 모든 것을 쉬쉬하던 시절, 아들만 둘인 우리 엄마도 말을 가려서 한다고 고생했겠구나 싶었다. 개 키우는 반 친구와 친해져 함께 여기저기 산책을 다녔다.

아리도 1년 반 정도 키우다가 또 남에게 줘야 했다. 아랫집에서 마당개로 키우겠다고 했다. 이사 때문인 건지, 경제 상황 때문인 건지, 부부싸움의 여파인 건지 속사정은 알지 못했다. 그러나 끝까지 책임지지 못할 거라면 반려동물은 애초에 들이지 말자는 확고한 신념을 갖게 되었다.

아리를 넘겨준 집은 최소한의 관리도 기초적인 미용도 하지 않았다. 오랜만에 본 아리는 거무튀튀한 한 마리 삽사리가 되어 있었다. 털이 눈을 다 가려버렸는데 앞은 어떻게 보는 걸까? 어찌저찌 나를 알아본다고 꼬리를 살랑살랑 흔들었는데, 나는 그 모습이 너무 애처로웠다. 좀 잘사는 집에서 좋은 주인을 만났다면 늘 깨끗하게 잘 먹고 잘살 수 있을 팔자였을 텐데.

아버지는 막무가내로 또다시 집에 개를 들였다. 만취한 상태였다. 이름은 루키, 빠삐용 믹스견 수컷. 나는 사춘기의 절정이던 중학교 3학년이었고, 루키는 이미 성견이었다. 루키는 기울어가는 가세와 어머니의 고생과 부자 사이의 불화라는 비정한 가정사에 휘말린 불행한 개였다. 아버지에 대한 원망이 컸던 나는 루키를 식구로 인정하지 못했다.

하필이면 루키는 멍청했다. 짖기도 잘 짖었고 똥오줌을 심각하게 못 가렸다. 무엇보다 사람을 무는 개였다. 하도 짖어서 동네 민원도 자주 들어왔다. 아버지는 루키의 부족함을 방관했다. 개를 얻어다만 놨지, 사룟값이건 똥오줌이건 기본 훈련이건 전혀 신경 쓰지 않았다. 그것은 늘 나와 동생, 아니면 어머니의 몫이었다. 가난한 인민들이 방구석 독재자에게 불만을 말할 수 없었으니, 나머지 식구들의 따가운 눈총이 자연히 루키에게 향했다. 나는 없는 살림에 팔자 좋게 개나 키운다고 종종 대들었다.

나는 습관적으로 개를 들이는 아버지가 몹시 미웠다. 경제적으로 무능력하고 권위적이던 아버지는 루키의 입양을 통해서 가장의 권위를 확인받고자 했던 것 같다. 그래서 개를 키울 여력이 안 되니 다른 곳으로 보내자는 말을, 자신에 대한 도전과 가난에 대한 책임추궁으로 여겼던 듯하다. 하지만 그조차도 돈을 이기진 못했다. 발언권은 벌이만큼 효력이 있었으니까. 루키만 불쌍했다. 하필이면 불운한 시점에 우리와 만나, 마치 우리 집의 불행과 가난을 대신 떠안은 듯했으니까.

나는 주말이면 루키를 데리고 동네 뒷산으로 산책을 다녔다. 루키는 체질도 특이했다. 아무리 먹여도 살이 오르지 않았다. 오다가다 지나치던 사람들이 밥 좀 먹이라고 나를 혼냈다. 조금 억울했다. 루키는 대식가였기 때문이다. 자기 몸뚱이보다 많은 양을 허겁지겁 먹어댔고, 그만큼 많은 양을 쌌다. 소화과정을 생략한 듯했다. 하지만 눈칫밥은 살이 될 수 없었다.

결국, 루키는 어느 회사의 경비견으로 보내졌다. 김포의 너른 공장에 경비용으로 잘 짖는 개가 필요하대서 넘겼다. 나중에 들은 말로는 넓은 공터에 목줄도 안 하고 마음껏 뛰어다니면서 행복하게 살고 있다고 했다. 그 공터는 짖고 싶은 만큼 짖어도 채울 수 없을 정도로 넉넉하다고 했다. 공장 아저씨들이 인심 좋게 사료와 먹거리를 한가득 채워줬고 아무

데나 똥오줌을 갈겨도 상관없는 곳이라고 했다. 지옥에서 벗어난 루키가 행복했길 바란다.

나는 개를 끝까지 키워본 적이 없다. 부정할 수 없고 두말할 것도 없이 못난 주인이었다. 비로소 내 입에 풀칠하게 되자 그동안 없이 살아 못 해줬던 것들이 생각난다. 누군가 개를 키우는 것은 일방적인 돌봄을 감내하는 것이라고 말했다. 동의한다. 그런데 나는 요즘 생명체를 돌보고 싶다. 그것도 아주 소중하게. 일방적으로 무조건적 사랑을 퍼주고 싶은 마음이다. 그럴 때면 이따금 개를 들이고 싶다는 마음으로 가슴이 넘실댄다.

사실 벌써 종류도 정해놨다. 여전히 나한텐 똥개가 제일 어울린다. 다리는 적당히 길고 털은 짙은 갈색이면 좋을 것 같지만 크게 상관없다. 무엇보다 이번에는 중간에 이별하지 않고 끝까지 함께하겠노라 다짐하고 또 다짐한다. 미리 편지도 써두었다. 그러나 이 편지의 수신대상에는 내가 떠나보낸 개들도 포함되어 있다. 이것은 개를 들이는 내 마음이다.

처음 너를 보자마자 나는 네 죽음을 상상했단다. 나와 살던 네가 죽게 되었을 때, 그 슬픔을 내가 감당할 수 있을지를 말이야. 그런데 너의 죽음을 미리 알더라도 너랑 사는 일은 꽤 행복하고 재밌어 보이더구나. 그래서 나는 너를 입양하기로 했단다.

나보다 짧은 수명을 가지고 태어난 너는 내가 없어도 언젠가 죽을 것이고, 그럴 바에야 내 곁에서 죽어라. 네가 죽는 운명은 어쩌지 못하는 것이지만 그 운명에 다가서는 것은 내가 할 수 있는 일이다. 나는 그 마음으로 너를 데려왔단다.

강아지로 태어났다는 것은 순식간에 사랑에 빠져 덜컥 사람을 좋아해버리는 업보를 갖는 일이야. 온종일 기다림, 불안함과 싸우는 일이기도 하지. 어떤 의미에서 우리의 사랑은 형벌이야. 인간과 개는 서로 사랑에 빠지는 순간 시간이라는 감옥에 갇히게 되지. 그러니까 우리, 그 비극 속에서 주어진 수명을 견주지 말고 아낌없이 예뻐하며 같이 살자.

나는 언젠가 개의 언어로 인간의 마음을 전할 수 있는 날이 오길 바라고 있다.

인생 첫 차

생애 첫 차로 중고차를 샀다. 19년 2월식 르노의 소형차 클리오Clio. 1만 9,672킬로미터밖에 타지 않은 싱싱한 무사고 차량을 1,090만 원에 냅다 업어왔다. 내 차는 프랑스 회사가 터키 공장에서 낳아 마름모 마크를 단 채 한국에 건너온 지 햇수로 5년 된 녀석이다. 이 차의 국적과 출생지와 현 주소지에 얽힌 사연이 다국적이다.

내 차와의 첫 만남이 아직도 생생하다. 벚꽃이 흐드러지게 핀 봄날이었다. 탁송 기사님이 세워둔 내 차는 키 큰 벚나무 아래 흩날리는 꽃잎을 맞으면서 예쁜 엉덩이를 뽐내며 나를 기다리고 있었다. 강렬한 붉은색에 빛을 잔뜩 머금은 듯한 광택이 매력적이었다. 소형차는 왜소한 무채색 말고 튀는 색으로 가자던 친구의 말이 보는 즉시 단박에 이해됐다. 마음이 급해 그 눈부신 장면을 찍어두지 못했다. 두고두고 후회된다.

첫 차 구입을 결심했을 때, 나는 모처럼 재무계획을 세웠다. 일정 규모의 재정 총량만 유지한다면 만사 오케이인 내가 계산기를 두드린 것은 아마도 초등학생 시절 '용돈 기입장' 이후 처음이었을 것이다. 내 인생에 계획 자체가 대학입시 이후 존재하지 않았으니까. 아무튼 계획 혐오가 있는 인간이 계획을 짠다는 것은 그만큼 생에 중대한 변화를 일으킬 사건이라는 것이다.

그간 모아둔 돈, 고정지출 현황, 시중 금리, 세금과 보험을 비롯해 고려할 수 있는 모든 요소를 차분하고 꼼꼼하게 따졌다. 최대 가용 예산과 구입 적정선을 확정하고, 살 수 있는 차종을 대표 브랜드별로 줄지어 '가성비'와 '가심비'의 양 측면에서 숙고했다. 고금리 시대인 만큼 치밀한 자금조달 계획을 통해 선수금과 할부의 조합이 아닌 현금 완납으로 가닥을 잡았다.

차를 살 때 가장 고민했던 지점은 예산이나 차종이 아니었다. 타인의 조언에 휘둘리지 않고 구입 적정선을 사수하는 문제였다. 차를 사겠다는 결심을 주변에 알리기 시작하면 너도나도 일단 거들고 본다. 여기저기서 '그 돈이면 차라리 이걸 사겠다'라는 가정법이 관념의 형벌로 날아들고, 그 조언에 젖어든 나도 어느샌가 가랑이 한도 초과 매물을 당연하게 바라보게 된다.

애정이 담긴 조언들이지만, 어디까지나 본인 기준이고 본인 욕망이다. 나를 위한 조언은 아닌 셈이다. 독단과 우유부단 사이에서 중심을 잡는 것이야말로 인생의 숙제인데, 나는 조언자가 누리는 상담권력에 제 발로 투항하며 인생의 주권을 잃고 싶지 않았다. 휘둘리는 삶보다 어찌 됐건 스스로 결단을 내리는 쪽이라는 점에서 차라리 독단적인 게 낫다고 보는 사람이니까. 나만의 차량 구입 목적과 예산을 넘어서는 권유는 단호히 잘라냈다. 내 첫 차가 '내 차'가 아닌 '남의 차'여서는 곤란했다.

며칠 후 온라인 업체에 '내 차'를 탁송으로 주문했다. 어차피 중고차 단지에 가봐야 문과를 나와 쇳덩이라곤 만져본 일 없이 종이만 넘기던 나 같은 사람이 할 만한 일은 별로 없다. 낯선 곳에서 처음 본 사람이 주도권을 쥔 대화를 하며 불리한 판단을 하고 싶지는 않았다. 잘못된 흥정으로 좋은 일에 괜히 속고 산다는 불필요한 기분도 남겨두고 싶지 않았다. 나로서는 감정 소모를 줄이는 것이 가장 경제적인 행동이다.

마음에 드는 매물을 발견하자마자 즉시 계약금부터 걸었다. 보험 이력과 성능 기록부를 정독하고 나자 더 재고 말고 할 것도 없었다. 자동차 문외한인 내가 할 수 있는 수준의 검

증은 끝났으니까. 잠재적 불안 요소를 최대한 소거한 이후 나머지는 내가 어쩌지 못하는 행운의 영역이다. 말은 이렇게 했어도 택배로 라면 한 상자를 주문한 것도 아닌데 차가 그다음 날 도착했다. 그게 놀라웠다.

그래서 차는 왜 샀느냐고? 꼭 필요했느냐고 물으면 사실 할 말이 없다. 세상에는 필요해서 사는 물건이 대부분이지만, 필요를 만들어가며 사는 물건도 있다. 내 경우에는 후자였다. 대중교통이 모세혈관같이 곳곳에 뻗어 있는 서울, 직주 근접 15분이면 낭비가 맞다. 룸푸어에 카푸어까지 벌써 2관왕이다. 정말 한가하고 배부른 말이지만, 심심해서 그냥 취미로 샀다. 직장인이 된 대가로 내 인생에서 취미가 사라졌기 때문이다.

직장인이 되면서 내가 사랑했던 일들이 모조리 밥벌이가 되었다. 좋아하는 일로 돈을 벌면 좋은 일 아니냐고? 물론 좋다. 능숙함이 업무 스트레스를 덜어주니까. 그런데 모든 일에는 일장일단이 있다. 기쁨도 줄어든다. 대가가 후불인 행운이다. 좋아하는 노래를 기상 알람으로 맞춰두면 그 노래가 무지하게 싫어지듯이, 밥벌이가 된 취미도 더는 사랑이 아니기 때문이다. 나는 정치학을 사랑했고, 읽고 쓰는 것을 좋아했다. 그런 내가 이제는 취직해 매일같이 글밥을 먹는다. 목적 없는 독서는 목적이 뚜렷한 직업적 책 읽기로 변했다. 순수하게만 바라볼 수 없게 된 것이다.

취미의 상실을 겪은 이후 인생에 낙이 없다는 말을 입버릇처럼 되뇌었다. 어서 마음 둘 곳을 찾아야 했다. 밥 먹듯 야근하며 나를 애먹였던 업무는 시간과 경험이 쌓이자 익숙해졌고, 이제는 내 삶을 지키며 일할 수 있도록 살살 요령 피우는 법도 배웠다. 그런데 적응은 곧 지루함이었다. 반복에 삶이 잠식당한다는 게 얼마나 무서운 일인지 차차 깨닫게 되었다. 이렇게 일과 잠만 되풀이하다 보면 내 젊음은 곧 끝나겠지. 죄송하지만, 일밖에 모르는 어른들이 곧 내 삶이 반복된 결과라고 생각하니 너무나 두려워졌다.

일상의 사막화가 가파르게 진행 중이던 나에게는 돌파구가 필요했다. 그래서 억지로 이유를 만들어 차를 샀다. 내 공간이 하나 늘어난다는 것은 또 다른 가능성을 주니까. 내가 신경 쓰고 챙겨야 할 것이 늘어나면 지루함을 늦출 수 있다고 믿으면서.

구체적인 장면을 그려봤다. 늦잠으로 주중의 피로를 달래고, 시동을 걸어 주말의 무료함을 달래는 내 모습. 시간에 구애받지 않고 언제든 떠날 수 있는 자유는 내 게으름의 죄과를 대속代贖할 것이다. 트렁크에 접이식 테이블과 의자를 넣고 다니다, 꼬불꼬불한 길을 거쳐 탁 트인 곳에 멈춰서 커피를 마시며 책을 읽고 글을 쓰는 내 모습이 꽤 마음에 들었다. 아마도 나는 직장과 내 삶을 공간적으로 분리하며 두 개의 자아로 살아가겠다는 낭만을 간절히 바랐던 것 같다. 지금 이 글을 산과 물이 어우러진 한적한 공터에서 그런 식으로 쓰고 있으니, 이제는 상상이 아닌 현실의 영역이다.

나는 논리의 세계에서 벗어나고 싶다는 생각이 들 때마다 차에 시동을 걸고 무작정 떠났다. 매일같이 직장에서 한껏 인상을 써가며 텍스트를 해부하고 논리를 개발하는 일을 하다 보면, 넘치는 생각으로 침대조차도 불면의 노역장으로 변하곤 한다. 멈추지 않는 생각은 형벌이다. 내가 좋아하는 노래들으며, 잠시 스마트폰과 멀어져 드라이브를 하고 있으면 차창 밖으로 생각이 비워졌다. 그것만으로도 마음이 견딜 만해졌다. 무선 이어폰을 귀에 꽂고 땀 흘리며 손세차를 하는 것에도 오묘한 맛이 있다. 세차용품이 늘어나고 나 나름의 세차 순서가 생기는 과정, 내가 세운 순서에 따라 묵은 때를 벗겨내며 내 생각도 거품이 덜어지길 원했다.

나는 행복해지는 법은 잘 모르지만, 우울함이 침투할 틈을 줄이는 법은 제법 안다. 삶이 판에 박히지 않도록 이벤트를 늘리는 것이다. 삶의 군데군데에 일상탈출의 이벤트를 마

련해둬야 인간은 권태에 면역이 생긴다. 사랑이 없으면 삶이 지루해지고, 인간관계가 좁으면 이벤트의 가짓수에 한계가 뚜렷해진다. 혼자 노는 재미 외에는 같이 놀아야만 누리는 재미는 얻지 못하니까. 이벤트를 늘려가며 내 사람들과 결합해 갈 때 사람은 지루함과 가장 훌륭히 맞서 싸울 수 있다.

중고 자동차 구입은 가장 저렴한 돈으로 내 라이프스타일을 송두리째 바꿀 수 있는 가장 좋은 소비였다. 나는 내 삶에 새로이 생긴 기동력을 십분 발휘해 더 많은 사람과 추억을 쌓았다. 내가 좋아하는 이들을 집까지 데려다줄 때, 그래서 그 귀갓길이 우리만의 은밀한 토크쇼가 될 때, 차에서 듣는 음악이 곱절은 좋게 들렸다. 나는 구불구불한 산길을 내려올 때마다 바닥을 묵직하게 잡아주며 쫀득하게 곡면을 돌아주는 자동차 조향대에 감탄하면서 삶의 물리적 범위를 늘려가는 중이다.

최고 수혜자는 우리 엄마다. 조금 더 본가를 자주 방문하게 됐고, 조금 더 같이 시간을 오래 보내게 되었다. 바람 쐬러 갈 때마다 은근슬쩍 따라나서는 엄마를 보면 절로 미소가 지어진다. 무엇보다 엄마는 동창회에 가거나, 대한민국 최남단에 인접한 시골에 갈 때, 친구나 친지에게 더는 아쉬운 소리를 하지 않아도 되어 좋아했다. 화장실에 자주 들러야 하는 엄마는 그 부담을 덜게 되었다는 점이 가장 좋다고 한다.

특히 엄마와 단둘이 목포로 할아버지 병문안을 가는 길은 나에게도 감개무량했다. 품 안의 손주였던 내가 자라긴 했구나. 첫 장거리 운전이라 부담은 있었지만 뿌듯함이 더 컸다. 이 초행길에서 화물차의 우열 바퀴가 다 터져 주저앉는 사고를 목격하기도 했다. 사고와 동시에 모든 차가 비상등을 봉화 피우듯 일제히 점등하는 모습에 뭉클해지기도 했다.

시간이 흐른 지금은 내 차의 단점과 아쉬운 점이 슬슬 눈에 보이는 단계다. 그리고 결정적으로 첫 차를 산 지 3개월째 첫 사고를 냈다. 운전에 적당히 자신감이 붙을 때가 가장 위험한 순간이라더니, 나도 예외는 아니었다.

비가 아열대 기후처럼 쏟아지는 날이었다. 그날따라 오피스텔이 지상 주차로 가득 차 유독 비좁았다. 이리저리 후진으로 빠지고 수정을 반복하며 빠져나가려는 순간, 우회전 각을 좁게 돌아 멀쩡한 연석 구조물을 긁었다. 빗방울이 차를 두드리는 드럼 같은 소리를 뚫고 드드드득 굉음이 울렸다. 차를 긁는 소리는 운전석에서 유독 크게 들린다.

나는 벗겨진 도장 면에서 뭉쳐버린 붉은 페인트 찌꺼기를 손에 움켜쥐고, 떡하니 드러난 회색빛 살갗을 바라보았다. 물아일체의 동기화된 통증, 내 실수와 오만과 자책감이 여름밤

모기처럼 나를 괴롭혔다. 울고 싶었다. 차를 사고 차를 몰면서 어른이 되는 게 아니라, 차를 긁어먹고 뒤처리를 감당하며 속성단기로 어른이 되었다. 첫 차와 첫사랑만이 이해해주는 실수라고 믿으면서 방금 카센터에 판금과 도색을 예약하고 오는 길이다. 이 글의 마지막 대목을 울면서 썼다.

기록말소적 사랑

인스타그램이 세상을 망쳤다고 말하고 싶지는 않다. 누군가 그렇게 말한다면 그것은 분명한 비약이다. 그러나 나는 인스타그램식 이별에는 불쾌한 감정이 솟구친다.

어느 날 새로운 팔로우 요청 알람이 떴다. 여자 사람 친구의 새로운 부계정. 갓 사랑을 시작한 지인이 본인 커플의 애정 행각을 기록해두는, 일명 '럽스타그램' 계정이었다. 각자 본 계정이 따로 있는데, 왜 굳이 수고롭게 새 계정을 팠는지 물어보았다. 그가 웃으며 말해주었다.

"오빠, 헤어질 때 정리가 깔끔해!"

농담이면서 진담이었다.

연애를 하다 보면 모순적인 마음이 든다. 특히 초반의 그

쨍한 햇빛처럼 반짝이는 마음은 도저히 혼자 품을 수 없다. 사랑을 시작한 이들의 얼굴색이 좋아지는 이유는 햇볕 같은 마음 때문이다. 주변에 예쁜 사랑을 백방으로 자랑하고 싶으면서도, 또 한편으로는 짙은 그림자 속에서 다른 사람들의 시선을 피해 은밀하게 속삭이며 숨기고 싶은 마음이 생긴다. '자랑'과 '숨김' 두 가지 버튼을 번갈아 누르는 줄타기다.

그러나 이별에는 '삼킴' 버튼밖에 없다. 어떤 이별이든 과거사 정리를 요구한다. 이별의 수습은 사진을 정리하는 과정으로 이어진다. 물론 사진을 정리한다고 기억을 지울 수는 없겠지만, 사진에 깃든 추억에 햇볕과 바람이 드나들지 않도록 창을 닫으면 기억은 시들어버린다. 우리는 사진을 지움으로써 추억을 삼켜버리는 것이다. 더는 밖으로 꺼낼 수 없도록.

화소마다 고함량의 옛사랑을 담고 있는 사진을 삼키는 일은 정말이지 목이 메는 일이다. 연애하던 시절에 찍은 사진 속엔 가장 선명하고 반짝일 때의 내 모습이 담겨 있다. 우리는 아름다웠기에 우리가 머물렀던 자리는 처연하다. 그 굵은 기억의 알약들을 질끈 눈을 감으며 단박에 삼킬 수도 있고, 결국 목으로 넘기지 못하고 뱉어낼 수도 있다.

나는 마음 정리에 시간이 꽤 걸리는 편이다. 한 번에 삼키지 못하고 나눠서 삼키다 물배가 차는 인간이다. 초점이 맞지 않는 사진조차 다 간직하는 편이라 쌓아둔 사진 자체가 많다. 한참 사진을 지우다 보면 부슬비처럼 어느새 좋았던 때의 추억에 젖어든다.

추억의 방문은 어떻게 해도 막을 수 없다. 추억이 데려온 슬픔이 한가득 차올라 더는 못 지우겠다 싶어질 때가 고비다. 한동안 작업 중단과 재개를 오락가락하다 보면 두어 달이 훌쩍 흘러간다. 정말 비효율적으로 구질구질하지만 어쩔 수 없다. 미련 많고 용기 없는, 이게 나인 걸 뭘 어쩌겠나.

나도 안다. 럽스타그램 계정만 깔끔하게 폭파시키면 본 계정의 손상을 최대한 막을 수 있다. 내 피드는 그가 가득했던 때에서 그가 없던 때로 너무나 빠르게 돌아갈 수 있다. 그래도 그렇지. 출발부터 헤어짐을 염두에 두고, 아니 이별 후 깔끔한 수습을 예정해두고 시작하는 사랑이라니. 쓸데없이 내가 대신 상처를 받는 이유는 뭘까? 축복의 방향이 꼭 탄생이 아닌 장례를 향하는 것만 같았다. 이 사랑에 내려진 '기록말소형'이 원죄처럼 느껴졌다.

나는 유독 이별에 약하다. 이별이 나를 할퀸 경험이 없을 때조차 이상하게도 이별에 대한 노래에 끌렸다. 임현정의 〈사랑은 봄비처럼 이별은 겨울비처럼〉이 내 18번이다. 가장 가까웠던 이가 순식간에 영영 만날 수 없는 사람이 되었을

LOVE_자랑_숨김_삼킴
♬ 임현정 · 사랑은 봄비처럼 이별은 겨울비처럼

때의 적응되지 않는 낯선 거리감. 사람은 그 거리를 메워야 하는 고통을 견뎌가며 성숙해진다고 믿는다. 그 이별을 잘 수습하고 학습해야 다음 사랑은 더 잘할 수 있을 테니까.

그런데 아무리 마음의 준비를 하더라도 마감이 깔끔한 이별은 너무나도 잔인하다는 느낌을 지울 수 없다. 우리 사랑은 편집되어 전시되고, 그 전시회는 사랑이 끝나자마자 신속한 철거가 시작된다. 정확히 말하자면 사랑이 아닌 사랑의 흔적이 손쉽게 휘발되는 것이겠지만, 그게 그거다. 이별에 상처받지 않는 이는 없다.

나는 노래방에서 90년대 노래를 즐겨 부른다. 눈으로 가사를 좇으면서도 드문드문 뮤직비디오에 눈이 간다. 이 시절 바닥에 눅진하게 녹아 있는 순정 혹은 순애보의 감성이 좋다. 사랑하게 되면 서로가 없던 시절을 어떻게 살아왔는지 믿기지 않는다. 그리고 서로가 혹여나 한쪽이 먼저 없어질 상실의 미래가 두려워서 견딜 수 없다. 바닥 인생을 살던 인간들이 사랑에 눈이 뜨여 새로운 삶을 살아가는 이야기나, 연인을 위해 대신 죽는 극단적이고 고전적인 과장법이 유치하면서도 애틋하다.

주어가 나인 노래보다 너인 노래가 좋다. '나는 나다. 남의 시선 따위는 신경 쓰지 않고 나답게 살 거다', 여기저기 인정과 자존감을 노래하는 요즘 감성의 피곤함보다 모자란 만큼 서로를 메운다고 믿는 부족한 이들의 사랑이 좋다. 지나간 인연에 대한 미안함이라든지, 상대의 순정을 뒤늦게 깨달아버린 자의 후회라든지 그들의 어긋남이 낳는 미련의 감정선이 좋다. 죽어도 널 사랑한다는 비장미가 유치하더라도, 식어버린 사랑이 헌신적이어서 더욱 슬프더라도 나는 그게 좋다. 어쩌면 미안함을 헤아리고 후회를 사랑할 줄 아는 나이가 된 것일지도 모르겠다.

침을 삼키는데 비린내가 난다면, 당신은 엊그제 이별한 것이다. 아마도 당신은 먼저 떠나간 이의 앞서 나간 슬픔을 뒤따라가면서, 오랫동안 확인할 수 없었던 헤어짐의 징후들을 뒤늦게 헤아리면서 숨죽여 흐느끼고 있을 것이다. 익숙하게 여겨온 상대의 헌신과 진심을 떠올릴 것이고, 다시 그것의 유통기한에 대해 생각할 것이다. 어려웠던 사랑을 끝내며 우리의 한계, 나의 바닥과 마주하는 과정을 지나간 페이지에 기록하고 있을 것이다. 잘 지내라는 마지막 인사와 함께, 좋은 것만 기억하길 바라면서, 이별을 통보받은 자의 윤리를 다하고 있는 것이다.

사랑했던 기간은 중요하지 않다. 내 세계에 한번 머물다 간 것만으로도 그 사람은 돌이킬 수 없는 과거니까. 내 일상

곳곳에 스며들었던 상대를 강하게 문질러도 흔적은 닦이지 않는다. 서로의 역사에서 서로가 차지했던 존재감을 지워내는 것은 결코 가벼운 일이 아니다. 우리는 지우려고 애쓰고, 애를 쓰며 변해간다. 저마다 사랑했던 이의 빈자리를 메우고 마음의 생채기와 흉터들을 보듬으며 변해간다.

상대도 마찬가지다. 시간이 흘러 우연히 옛 연인을 길에서 마주친다면, 그곳엔 우리가 알던 그는 존재하지 않는다. 그 자리에 서 있는 이는 내 마음에 깊은 흔적을 남기고 간 옛사랑이 아닌, 너무나도 낯선 사람으로 변해버린 이방인일 것이다. 생김새도, 분위기도, 옷차림도, 나를 바라보고 놀라는 시선도. 상대도 나를 비워놓은 곳에 끊임없이 시간을 녹여 기억을 희석하고자 했을 테니까.

그래서 나는 이별만큼은 더는 효율성이 침투하지 않기를 기도했다. 오래도록 추억을 더듬다가 결국 놓고야 마는 모든 지질한 과정을 느끼는 것은 사랑했던 이들의 의무라고 말하면서, 이 시대 사랑의 휘발성이 더 강해지지 않도록 간절히 빌었다. 이별마저 더치페이하며 마음 용량을 알뜰히 사용하는 기록말소적인 사랑을 있는 힘껏 미워하면서. 찰나일지라도 충동 그대로의 강렬한 사랑이 이 시대에 남아 있기를.

사람 구실 하기

1

치질 수술을 한 채로 면접을 봤다. 그리고 덜컥 합격해버렸다. 예정에 없던 일이었다. 합격하리라 예상했다면 수술 시기를 늦췄을 것이다. 아무튼 엉거주춤한 이 꼴로 사회생활을 시작하다니. 아주 치욕적인 기쁨이었다. 처음엔 부정하고 싶었다. 어느 날부터 화장실 가기가 두려워지기 시작했다. 순백으로 표백된 화장지가 날이 갈수록 붉은색 그러데이션을 진하게 그려나갔다. 애써 무시했다. 그러다 핏기를 넘어 핏물로 흥건해졌다. 타들어갈 것 같은 쓰라림과 작열감, 가려움이 순차적으로 엄습했다. 견디기 어려웠다.

    그때부터 날밤을 지새우며 구글과 유튜브에 검색을 거듭했다. 치질, 치열, 치루, 치핵. 눈치 빠른 알고리즘은 내로라하는 엉덩이 전문가들을 모셔왔다. 산만함이 기본 값이더라도 일단 관심이 생기면 무서울 정도로 집중하는 나는 삽시간에 온갖 정보를 빨아들였다. 무식하면 용감해진다더니, 아직 비수술 치료가 가능한 초반일 것이라고 감히 자가 진단을 내리며 스스로를 안심시켰다.

그러나 시도 때도 없이 통증과 불편이 엄습했다. 온수좌욕이 증상을 달래기엔 너무 늦은 시기였다. 논산 육군훈련소 의무대에서 처방받았던 노란 연고를 환부에 발라도 전혀 들지 않았다. 약국에서 거금을 들여 산 복용약도 효험이 없었다. 혹시나 하는 마음에 병원 입구 앞에 섰다. 죄짓고 재판장에 들어가는 기분이 이런 거겠구나 싶었다.

증상을 말하는데 횡설수설했다. 쑥스러웠다. 아마도 의사 선생님은 내 수술 기피 의도를 간파했을 것이다. 테이블에 바지를 반쯤 내리고 새우잠 자세로 누웠다. 차가운 내시경 카메라가 촉촉하고 찐득하게 몸 안에 들어와 사진을 몇 장 찍었다. 이윽고 4분할 모니터에 처참한 흔적들이 떠올랐고, 의사 선생님이 나지막하게 결론을 내렸다. "날짜부터 잡읍시다." 침착해서 더 무서웠다. 나는 옆으로 모나게 누운 굴욕적인 자세로 "네"라고 답했다. 다른 답은 꺼낼 수 없었다.

그때가 군에서 전역하고 백수로 지낸 지 반년쯤 되는 때였다. 대학원 졸업까지 쉼 없이 달려온 터라, 코로나19가 세상을 멈춘 틈을 타 화끈하게 한 반년 놀자, 스스로 부여한 안식년(?)이 끝나갈 무렵이었다. 이제는 슬슬 취직을 해야겠다는 눈치도 보이고 사람 구실 좀 해야지 마음먹은 시점이었는데, 내 눈치 없는 육신이 비밀리에 핵 개발 중이었다니. 지금 수술을 받으면 모든 일정이 꼬일 것 같은 기분이 들었지만, '이 취업 대란에 어차피 떨어질 텐데 뭐, 설마 되겠어?' 반쯤 자포자기 하는 마음이 컸다.

수술은 고통 없이 금방 끝났는데, 회복과 관리가 괴로웠다. 병실에는 청년과 노년이 반반이었다. 질환으로 세대 통합이 이루어졌다. 육식과 좌식생활을 오래 하는 현대인에겐 남녀노소를 가리지 않는 평등한 병이겠구나 싶었다.

2박 3일의 병원생활 동안 불타는 엉덩이로 살았다. 나는 태어나서 괄약근이라는 곳이 그토록 쉽게 힘이 들어가는 근육인 줄 처음 알았다. 의도하지 않아도 힘이 모였다. 기침을 해도, 소변을 봐도, 재채기를 해도 힘이 들어갔다 빠지며 쓰라렸다. 웃다가도 아팠다. 괄약근이 개문과 폐문 외에도 많은 협업을 한다는 것을 알게 되었다.

이 작달막한 구멍 하나가 내 일상을 이렇게 파괴하는구나. 정문일침을 거꾸로 맞아 손상된 내 인간적 존엄성 앞에 나는 헛웃음을 지으며 나지막이 혼잣말을 내뱉었다. "이야, 사람 구실 하기 참 힘드네."

얼마간의 회복기가 지나자 그래도 수술받길 잘했다는 생각이 들었다. 나는 의학의 힘으로 오래된 지병에서 빠르게 해방되었다. 그 자유의 맛을 만끽한 채로 주변인들에게 '치밍아웃'을 했다. 훗날 보니 직장동료건 친구건 간에 어둠의 '비핵화' 동기들이 곳곳에 숨어 있었다.

자신들도 술 마실 때마다 만개한 '꽃'을 보며 고심이 많았노라고 농담조로 말했다. 다들 나처럼 부끄러움과 두려움에 치료 적기를 놓친 것이다. 모두 입을 모아 말했다. 병원에 빨리 간 만큼 빨리 아문다. 먹고 싸는 모든 습관을 고칠 수 있다. 고통과 굴욕은 잠깐이고 해방과 상쾌함은 오래간다. 나는 유쾌하게 웃으며 연신 고개를 끄덕였다.

2

'똥꼬 성형남'이 되면서 마음은 홀가분해졌는데, 반대급부로 몸이 무거워졌다. 수술 여파로 급격하게 찐 살이 눈덩이의 시작이었을 것이다.

환부를 부드럽고 소중하게 대해야 해서 수술 회복기간 동안 운동을 금지당했다. 문단속 차원에서 환부가 부풀어 터지는 대참사는 막아야 하니까. 그런데 갑자기 취직이 되었다! 예정에 없던 일이었다. 막 취업한 새내기에게는 인사도 드리고 얼굴도 틀 겸 여기저기 불려 나갈 회식이 잦았다. 처음 본 타인들에게 차마 수술 후 회복 중이라고 말할 수 없었다. 근육이 빠졌고 살이 쪘다. 특히 하체가 많이 빠졌다. 무엇보다 게으름에 잠식당했다. 운동하는 루틴과 습관 자체를 잃어버렸다. 고작 두 달 사이에 몸무게의 앞자리가 두 번이나 바뀌었다.

어느 날인가부터 조금만 오래 앉아 있어도 무릎이 욱신거렸다. 고통과 불편함 그 중간의 어딘가에 있는 시큰거림이었다. 이상했다. 오히려 서 있거나 운동할 때는 괜찮은데, 꼭 사무실 책상에 앉으면 뻐근했다. 발판도 사보고 의자와 책상의 높이도 바꿔보았다. 소용없었다. 술 마신 다음 날은 통증이 심해져 퉁퉁 부어올랐다. 특히 계단을 내려갈 때마다 찌릿한 통증이 올라왔다. 무릎 보호대를 감아두지 않으면 걷기도 부담스러울 지경이었다.

병원을 찾았다. 슬개골 연골 연화증. 무릎 뚜껑뼈가 닳아 연골이 닳고 물렁해진 채로 염증이 생기는 것이다. 의사 선생님은 무릎에 감기가 들었다고 했다. 흔한 병이지만 완치보다는 관리에 중점을 두는 개념이라고 했다. 평생 신경 쓰고 살아야 한다는 말을 부드럽게 돌려 말해준 것이었다. 아무래도 급격한 체중 증가와 대퇴사두근의 두드러진 감소가 주된 이유로 보인다고 했다. 나는 기어이 작은 구멍 하나가 내 몸을 이 지경으로 만들었구나 하고 추측했다.

우선 살을 빼는 게 기본이라고 했다. 무릎에 가하는 절대적 하중을 줄여야 했다. 약으로 염증을 잡고 시간을 벌어주면 재빨리 근육을 보강해야 한다. 하중을 분산하고 무릎뼈의 안정화를 위해 튼실하게 허벅지 둘레를 키워가라는 말이었다. 재생 촉진용 체외 충격파를 쏘았다. 가격과 고통이 가히 충격적이었다. 고통에는 두 종류가 있다. 몸에 힘을 주면 그럭저럭 참아지는 아픔과 힘조차 줄 수 없이 무방비 상태로 몸을 이리저리 뒤틀어도 참아지지 않는 고통. 내 경우는 후자였다. 그 고통은 흡사 치과에서 마취도 하지 않고 들이대는 전기드릴 같았다.

이 사실을 동생에게 알렸다. 그 자리에서 한 소리 들었다.

"원래 서 있는 자세부터가 이상했어. 거 봐, 지금도 무릎 꼿꼿이 펴고. 발레 해?"

똑바로 서 있는 법도, 제대로 걷는 방법도 까먹었다는 사실을 깨달았다. 무릎을 조금 구부려서 허벅지의 보조를 받아야 하는데, 나는 직각으로 뻣뻣하게 서 있고 수수깡처럼 걸어왔던 것이다. 걷는 법을 다시 배웠다. 근육과 동작을 하나하나 의식하고 걸으니 걸음조차 부자연스러워졌다. 걷는 동작 하나에 수많은 근육이 협업하는구나. 보상작용으로 허벅지 대신 뭉친 엉덩이가 많이 뻐근했다.

그날부터 체중감량과 대퇴사두근을 키우기 위한 재활훈련에 돌입했다. 운동을 하면 염증이 도지고, 약으로 염증을 잡아 벌어둔 시간으로 다시 운동을 하는 반복된 과정을 거쳤다. 몸에 사소한 문제가 생기면 증상이 가벼울지라도 삶의 질은 급락하고, 몸이 조금씩 우울감에 젖어든다. 마치 내 몸에 흐린 날밖에 없는 듯, 회복해도 본전인 것 같은 게임이 불합리하게 느껴졌다. 하지만 별수 없어서 열심히 했다. 근육이 붙으니 지금은 거의 괜찮아졌다. 역시 의사 선생님 말은 잘 들어야 한다.

・・・

친구가 가게를 열었는데 가장 먼저 의자부터 보였다. '예쁘긴

한데, 딱딱해 보이는걸?' 푹신한 쿠션이라도 하나 놓자고 은근슬쩍 말했다. 없던 배려심이 생겼다. 속으로 앓기 전엔 결코 몰랐을 일이었다. 나는 이제 주의 깊게 압력을 감지할 수 있다.

    구부림의 각도와 착지자세 등 내 무릎이 아파보니 다른 사람의 자세를 주의 깊게 본다. 텔레비전에서 누군가 텀블링을 하면 무릎은 괜찮나부터 걱정된다. 계단을 부담스러워하는 모든 어른과 조금 더 친해진 것 같은 기분이 들었다. 내 사소한 고통을 통해 타인을 이해하려는 유치한 헤아림을 얻게 되었다. 조금은 사람다워졌다.

플러스펜 실종 사건

그 많던 플러스펜이 다 어디로 갔을까. 사무실에 한가득 채워 둔 검정색 펜이 모조리 사라졌다. 주기적으로 일어난 플러스펜 대량 실종 사건. 그것은 군 복무 당시 오래도록 궁리한 난제였다. 나는 이것이 영영 미제 사건으로 남을 줄 알았다.

당시 정보작전과의 정훈병이었던 나는 투덜거리며 새 펜 상자를 열었다. 빈 서랍을 새 펜으로 질서정연하게 채워 넣으면서 확신했다. '이 안에 도둑이 있다!' 이게 내 결론이다. 누가 펜을 헤프게 쓰는지 범인을 찾아야 한다. 육군 병장 나호선은 플러스펜 도둑 수사에 나섰다.

펜을 쓰지 않는 조직은 없지만, 플러스펜을 좋아하는 가장 큰 조직은 아마도 군대일 것이다. 정확한 이유는 모르겠다. 추측건대 일단 막 쓰기 좋다. 저렴하니까. 필기감도 좋은 편이다. 표면이 거친 재생용지는 수성펜으로 쓰면 글씨가 참 잘 먹는다. 특히 서명할 일이 많은 군부대 특성상 대충 휘갈겨 쓰더라도 각이 멋있게 나온다. 아무튼 여러 가지 이유로 영혼의 행정용품이 된 것은 분명하다.

문제는 아무리 박스로 쟁여놓아도 보름이면 그 많던 펜이 모조리 사라진다는 것이었다. 행정계원의 숙명 중엔 볼펜 사수가 있다. 국민 세금으로 나오는 비품비는 각자의 칸막이가 있지만, 막상 구입한 비품은 먼저 갖는 놈이 임자다. 부처 이기주의라면야 어쩔 수 없지만, 매번 사달라고 해야 하는 입장은 정말 난처하다.

펜 수요가 갑자기 급증했을 리는 없다. 수험생 시절 모나미 볼펜을 3일에 한 자루꼴로 갈아치웠다. 무엇이든 쓰면서 외우고 정리하는 편이라 워낙 필기량이 많았다. 열정을 불태운 후 다 쓴 볼펜이 시체처럼 쌓여 있는 모습을 흡족하게 바라보는 것이 나의 작은 기쁨이었다. 그런데 이곳은 군대지 입시학원이 아니다. 이 정도 분량이라면 전국의 모든 한 씨가 한석봉 선생님의 유지를 받들어 각자의 서체를 발명한 후 여한 없이 글자를 쓰고 떡집까지 차리더라도 남을 양일 것이다. 기각.

이 펜이 제 수명을 다해 자연사하는 경우는 거의 없다. 성실한 인간을 만나 모든 수분을 종이에 빼앗기고 별 탈 없이 명줄을 다할 가능성은 극히 희박하다. 대개는 실종사가 다반사다. 입버릇이 고약한 자를 만나 펜 뚜껑이 질경질경 씹혀서 버려지거나, 부주의한 자를 만나 뚜껑과 분리된 채로 장기간 방치되어 심이 말라버려 못쓰게 되거나, 성질 고약한 인간이 수직으로 내리꽂아 펜촉이 상해 폐기되는 결말이다. 그런데 이를 감안하더라도 펜이 실종되는 속도가 비정상적으로 빠르다. 나는 이 사건의 성격을 '납치'로 규정했다.

플러스펜 여러 자루에 빨간색 동그라미 스티커를 붙여두었다. 마치 야생에 방사한 반달가슴곰의 동선을 파악하기 위해 목에 달아둔 위치추적기처럼. 나는 매의 눈으로 펜의 이동 경로를 관찰할 것이다. 원래 병장이 되면 시간을 때우면서 창의성을 꽃피우는 법이다. 어차피 용의자는 내부자로 정해져 있다. 이 사무실을 쓰는 간부, 하룻밤을 지새울 당직사령, 경계근무 일지를 써야 할 병사들. 분명 이들 중 하나다.

일주일이 지났다. 또다시 빨간 스티커를 붙인 펜이 모조리 사라졌다. 빨간 점들이 간간이 눈에 띄다가 주말이 되자 아예 종적을 감추었다. 할 수 없이 새로운 플러스펜 상자를 뜯으면서 체념했다. 군대에서 플러스펜은 그냥 '증발'하는 것이다. 그리고 그날 야간 청소시간. 허무하게 나는 실종된 펜들을 모조리 발견했다. 그 많던 펜은 여단장실에 무더기로

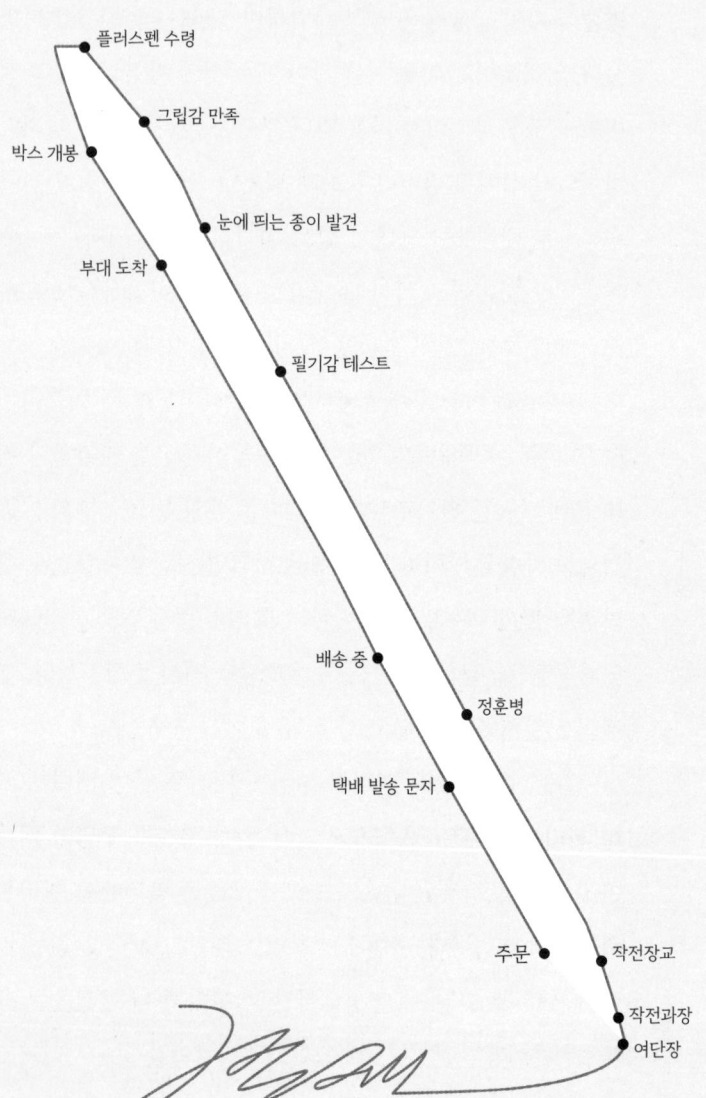

'고여' 있었다. 여단장실과 주임원사실 청소 담당이었던 내가 필통에서 빨간 스티커가 붙어 있는 펜 대부분을 발견했던 것이다. 필통에는 먼지가 쌓인 오래된 플러스펜들도 잔뜩 있었다. 그런데 플러스펜 실종 사건의 범인은 여단장인 동시에 여단장이 아니었다(?).

펜의 실종과정을 A-B-C로 그려보았다. 먼저 작전장교를 비롯한 실무라인이 작전과장에게 결재를 받기 위해 서류철에 공손히 펜을 올린다(A). 그렇게 보고 겸 대화를 나누다 보면 무의식적으로 펜을 놓고 오거나 과장이 손에 쥔 펜을 놓지 않는다. 그 펜은 과장의 책상에 머물게 된다(B). 다시 작전과장과 같은 관리자급이 여단장에게 보고를 올리며 똑같은 과정을 반복한다(C). 이렇게 펜의 흐름이 보고라인을 따라 계급순으로 올라가며 최종 결정권자의 책상에 잔뜩 고이게 되는 것이었다.

미제 사건은 허무하게 풀렸다. 그리고 그 순간 나는 권력의 흐름을 보았다. 그렇다. 서명은 곧 권력이다. 상급자의 필통에 꽂혀 있는 하급자의 미회수 볼펜 숫자만큼 권력지수를 계량할 수 있다. 당신 회사의 사무실 실세가 누군지 알고 싶은가? 그럼 당장 필통에 꽂힌 볼펜의 숫자를 확인해보라. 볼펜의 개수가 곧 자리의 크기이자 권력의 크기와 비례한다. 그 사람이 여러 부하의 펜대 중 하나를 쥐고 이리저리 의사결정을 할 것이다. 그것이 바로 관료제와 볼펜의 상관관계다.

결재권자에게 볼펜이 몰리는 현상은 곧 결재권자에게 볼펜을 돌려받지 못했다는 사실을 내포한다. 나는 글로 방귀 좀 뀐다는 나 나름의 자부심이 있다. 그래서 필기구에 각별한 관심을 두고 있다. 키보드도 축별로, 스타일별로 여러 개를 보유하고 있다. 육필도 좋아해 필기구도 까다롭게 골라 따로 쓰는 볼펜이 있다. 그런데 그 귀한 볼펜을 지금 다섯 개째 사장의 미반환 사고로 잃었다. 방금 혼란을 틈타 어렵사리 회수하고 오는 길이다. 괜히 내 물건을 가져오는데 도둑질을 한 기분이다. 나는 볼펜 활빈당이다(최근 내 짝꿍의 회사에서도 결재판 실종 사건이 있었다. 실장이 금색 클립과 결재판을 한아름 안고 직원들에게 돌려주었다고 한다. 어디나 똑같구나).

아주 보통의 기쁨

무심코 길을 걷다 오랫동안 잊고 있었던 좋은 음악을 마주하는 일. 발걸음마다 뒤따라오는 멜로디에 하루 종일 기분 좋게 사로잡혀 있는 일. 이윽고 실은 내가 오래전에 즐겨 듣던 노래였음을 깨닫고 멋쩍게 웃게 되는 일. 머릿속에서 제목을 뒤적이다 실뭉치처럼 한꺼번에 딸려 나오는 그 시절의 기억들.

지나간 추억이 떠오른다는 것은 꼭 그런 일인 것만 같다. 우연히 카페에서 잊고 있었던 좋은 음악을 다시 만나 한참을 머물렀다. 머무른 시간에 비해 너무 성급하게 아이스커피를 바닥까지 마셔버리고 말았다. 아쉬운 마음에 남은 얼음을 오독오독 씹었다. 콧속에 퍼지는 커피 향과 묽어진 단맛이 불러온 기억에 반가운 마음이 들었다.

나 어릴 적 엄마는 일요일 아침이면 화장을 했다. 휴일에도 자신에게 아침잠 한 시간 반 정도만 더 관대했을 뿐, 아침 일과는 자식들 밥을 해 먹이는 일부터 시작했다. 먼저 후딱 먹고 일어선 엄마는 곧바로 씻고 머릿수건을 묶은 채로 단장에 들어갔다. 어디 격식 차릴 만한 곳에 나가는 것도 아니고, 기껏해야 고작 시장을 가면 다행인데도 꾸몄다. 지금 생각해보면 그것은 또 한 주를 버텨내어 주말의 평온함을 맞이했다는 일종의 의례이자 의식이었던 것만 같다.

화장을 마친 엄마는 전 세계의 놀라운 이야기를 미스터리한 톤으로 소개해주는 텔레비전 프로그램을 틀어놓고, 인스턴트 커피 한 스푼에 프림 몇 스푼을 타서 마셨다. 젊은 시절 엄마는 가슴이 뜨거웠는지 꼭 그것을 식히기 위해 냉동실에 꽝꽝 얼려둔 각얼음을 넣어 마시곤 했다. 엄마가 요즘 세대였으면 '얼어 죽어도 아이스 아메리카노'파였을 텐데, 지금은 찬 커피를 마시면 진짜 얼어 죽을 것 같단다.

이상하게 엄마가 마시는 커피는 유독 탐이 났다. 커피 향에 이끌렸던 나는 한 모금만 달라며 칭얼거렸지만, 엄마가 허락하는 경우는 없었다. 금지의 톤이 아주 단호했다. 커피는 어린이 성장에 좋지 않다는 이유였는데, 당시 키가 작은 게 고민이었던 나는 군말 없이 수긍했다. 그래서 나에게 허락된 커피는 엄마가 거의 다 마시고 남긴, 진흙탕에 살짝 빠진 발목 같은 얼음이었다. 머그잔 속의 녹다 만 얼음을 쪽쪽 빨아 먹다가 이내 씹어대던 그 감질나는 맛이 다 커서까지도 종종 떠오른다. 유년 시절을 좋게 기억하는 편은 아닌데 커피 향이 나는 그 순간의 잔잔함만큼은 여전히 좋다.

방송이 끝나면 엄마는 노래를 틀었다. 그 당시 엄마의 귀를 사로잡은 노래는 이승철이 보컬로 복귀했던 시절 부활의 〈네버엔딩 스토리〉였다. 이 여인은 좋아하는 노래가 생기면 눈이 반짝이는 유형이다. 눈에서 종종 돌이 생겨 빼내는 지금도 그렇다. 뮤직비디오를 보기 위해 일간 신문지의 방송 편성표를 찾아, 노래의 한 소절을 흥얼거리며 파란 볼펜으로 밑줄을 긋고 별표를 치던 그 시절 엄마 모습이 생생하다. 서른 줄에 간 군대에서 열 살 어린 동생들에게 이 시절 '라떼' 이야기를 해주면 도무지 믿지를 않았다.

아이스커피 얼음과 〈네버엔딩 스토리Never Ending Story〉. 이 여유로운 주말의 분위기 속 정오의 음악회. 한 어린이가 누릴 수 있는 최고의 복지는 주말의 여유와 엄마의 품이었노라 내 기억은 말한다. 단순히 쉬는 날을 떠나서 학교에 가지 않는 일요일을 내가 사랑했던 이유였다. 주말의 정오는 나에게 안식의 세계였다.

그 시절 나에게는 두 개의 세계가 존재했다. 집과 학교. 분리된 두 세계는 서로 잘 섞이지 않았고, 또렷하게 시간을 나눠 가졌다. 초등학생이던 나는 학교 가는 걸 좋아하는 아이였다. 학교엔 친구들이 있었고, 저녁밥 먹을 때까지 공을 찰 수 있었다. 호기심이 많게 태어나 공부도 그런대로 재미있었다. 경상도 말로 '하고재비'라고 하는데, 요즘 말로 '열심히 사는 관심종자' 정도로 풀이할 수 있겠다.

칭찬을 받으면 온몸에 생기가 돌았던 나는 선생님의 관심을 끌려고 애쓰거나, 또래를 굉장히 의식하는 인정욕구가 강한 아이였던 것 같다. 학교에 나의 존재감을 남기기 위해 끊임없이 무언가를 하다 보면, 낯설던 복도와 교실이 익숙해지고, 꺼려졌던 교무실 출입에 거리낌이 없어진다. 나에게 학교란 내 존재를 확인하는 반복된 평일의 세계였다.

그래도 엄마가 학교에 온다는 것은 엄청난 일이었다. 학교라는 익숙한 공간에 더 익숙한 엄마가 오는데도 세상은 180도 낯설어졌다. 마치 양끝을 막아 상대의 돌 한 줄을 전부 뒤집는 오델로 게임처럼. 기다림에 온 감각이 기분 좋게 예민해졌다. 내가 조잘거리던 많은 공간을 지나치고, 또 많은 인물을 마주하며 두 세계가 하나로 합쳐지는 것. 내가 대화로 떠들어대던 공간과 인물을 직접 확인시켜주는 것은 무언가

분리된 차원이 일식처럼 순간 합쳐지는 듯한 느낌이었다. 그래서 나는 학교에서 엄마를 만나면 왠지 낯설면서도 반가운 기분이 들었다. 그때의 엄마에게도 믹스커피 향이 났다.

수많은 학부모 중에 나는 엄마를 단번에 알아볼 수 있었다. 엄마는 꼿꼿이 서 있었다. 사람 숫자 두 배의 눈 중에서 엄마의 눈만 반짝여 보였고, 나와 엄마는 반가운 눈맞춤을 했다. 나는 황급히 고개를 돌리고 담임 선생님을 쳐다보며 수업에 집중하는 척했다. 그날 저녁이면 엄마는 일찌감치 퇴근해 맛있는 음식을 직접 차려주곤 했다. 손맛이 굉장히 좋았는데 지금 생각해보면 그 맛의 비결은 기쁨이 아니었을까.

엄마는 자신의 무지가 자식의 앞길에 큰 도움이 되지 못한다는 자책감을 학교에서 씻고 왔던 것 같다. 본인이 없는 곳에서도 자식이 밝게 지내는 것을 확인한 어느 가난한 어미의 기쁨. 그래서 엄마가 학교에 오는 날은 나에겐 아주 기쁜 보통날이었다. 안식의 세계와 존재의 세계가 합쳐져, 특별하진 않지만 사소하지도 않은 그런 기념일. 이렇게 쓰니 정말이지 나 마마보이였던 것 같다. 지금은 허구한 날 싸우기만 하는데 말이다.

우리 집은 가난하고 불행했지만 적어도 모자지간만큼은 아주 돈독하고 행복했다. 그건 내 어린 날이 가진 몇 안 되는

'아주 보통의 기쁨'이었다. 텔레비전 유선방송에 시시하고 따분한 방송만 남았을 즈음이면 오늘의 저녁 메뉴는 무엇일지 고대하면서 엄마가 퇴근하기만을 기다리다 퇴근한 엄마 옆에 찰싹 붙어 그날 있었던 일들을 조잘거리던 일상의 기쁨.

무엇 하나 자랑할 거리라도 생기면 그 모든 과정을 생략하고 좀처럼 바닥에 붙어 있지 못한 채 들썩이는 엉덩이로 자랑할 순간만 마음 졸여가며 기다리던 나날들. 익숙한 박자의 걸음 소리가 데려오는, 엄마만의 손가락 리듬으로 열리는 도어락의 경쾌한 소리. 반달 같은 눈과 함박웃음으로 우릴 맞았던 엄마. 내게는 아주 보통의 기쁨이었지만 엄마에게는 그저 피곤한 일상의 기쁨이었던 것일까. 혹은 너무 기운을 낸 탓에 엄마가 늙어버린 건 아닌지 서러워질 때가 있다.

반세기를 넘게 살아낸 나의 엄마는 이제 휴일에 더는 화장을 하지 않는다. 휴일을 맞는 의식이 간소화되었다. 그래도 공연 영상을 틀거나 음악을 빵빵한 소리로 들으며 커피와 함께 휴일을 여는 것은 여전하다. 이따금 우울함을 호소할 때가 있다. 이제는 먹고살 만해지니까 이 안정감이 손 여사에게는 적응되지 않는 때가 있는 듯하다. 외벌이로 힘들게 살았던 시절로 언제든 돌아갈 수 있다는 강박감이 들 때면, 우리 엄마는 종종 우울한 기억에 사로잡힌다.

이럴 때는 사실 뾰족한 수가 없다. 옆에서 열심히 위로해 드릴 수밖에. 그 감정에 끌려다니면 나까지 슬퍼진다. 어느 정도 공감을 해주다 감정의 기폭점을 단칼에 끊어내는 게 장남의 임무다. 어느 날 나는 엄마에게 단호한 어조로 말했다.

엄마, 우리 집 이제 더는 가난하다고 말해선 안 돼. 엄마도 아직 돈을 벌고, 청년 실업 시대에 두 아들 직장 얻어서 부족함 없이 살고 있어. 우리 집은 이미 최악을 찍었고 거기서 벗어났어. 약간의 롤러코스터가 있더라도 앞으로의 일들은 그때보다 무조건 나아. 그게 우리 식구 모두가 열심히 산 대가라고 생각해, 나는.

가난보다 어려운 건 가난했던 기억에서 벗어나 현재를 충실히 즐기는 것이다. 그 기억에서 벗어나기 힘들 때면, 아예 멀리 떠나보는 것도 한 가지 방법이다. 그래서 여름 휴가에 엄마를 모시고 내 차로 오붓하게 둘이 강원도에 갔다. 오랜만에 〈네버엔딩 스토리〉가 나왔다. 그리워하면 언젠가 만나게 된다는 가사처럼, 엄마는 30년 만에 다시 와보는 강원도라며 미소 지었다. 날이 화창했고 엄마의 표정도 맑게 개었다.

・・・

상처 많고 사연 많은 한 50대 여성이 내 앞에 앉아서 55인치 텔레비전 화면을 웃는 얼굴로 보고 있다. 얼마 전 휴대폰에서 텔레비전 화면으로 사진을 전송해 큼직하게 보는 법을 알려드렸다. 돋보기를 내려놓은 엄마가 아주 만족스러워하며 그동안 찍은 사진들을 다시 본다. 그 속엔 나도 꽤 비중 있는 조연으로 출연한다. 내 눈은 얼핏 보면 찢어진 외꺼풀인데, 자세히 보면 속 쌍커풀이 예쁘다. 그 눈매는 엄마를 닮았다. 웃는 모습이 모지리같이 닮았다고 서로 신나서 웃는다. 이게 행복이지 뭐가 행복일까.

게임 중독을 위한 변론

'게임 중독' 하면 떠오르는 일화가 있다. 중학교 3학년 여름방학으로 기억한다. 한참 〈풋볼 매니저〉라는 악마의 게임에 빠져 있었다. 축구 선수가 아닌 감독이 되어 구단을 이끌어나가는 것인데, 중독성이 심해 세계적으로 악명이 높았다. 정말 잘 만든 게임이라는 뜻이다.

원하는 선수를 영입하고 내 방식대로 전술을 짜서 훈련하고, 언론사의 반응을 확인하는 등 상호작용 시스템이 특히 나를 미치게 했다. 나의 감독 행보에 실시간으로 쏟아져 나오는 반응을 읽는 재미, 득점의 희열과 실점의 회한이 예측불허로 진행되는데, 여기에 맛을 들이면 쉽사리 빠져 나올 수 없다. 내가 키운 게임 속 유망주가 현실 축구에서도 두각을 보이면 정말 짜릿하다. 멀티버스형 게임의 원류가 아닐까 싶다.

3일 밤낮을 새워가며 그 게임을 했다. 박지성, 박주영 선수를 유럽 구단으로 데려와 대륙 간 컵 우승을 거머쥐었다. 나는 가상의 성취가 주는 강렬한 뿌듯함과 함께 곧바로 침대에 쓰러져 깊이 잠들었다.

중간중간 소변을 보고 물 마신 걸 제외하면 내리 잠들어 있었다. 갑자기 엄마가 황급하게 나를 깨웠다. 오후 7시쯤이었는데, 과장을 많이 보태서 거의 이틀을 내리 잔 모양이다. 출근할 때도 자고 있던 아들이 퇴근할 때도 그대로 잠들어 있는 상황이 이틀씩이나 반복되자, 엄마는 애가 죽었나 싶어서 화들짝 놀라 흔들어 깨운 것이다.

그때 나는 이게 중독의 심연이라는 것을 자각했다. 아, 나는 무언가에 빠지면 이 수준까지 내려가서 좋아할 수 있는 인간이다. 그렇지만 아무리 좋아도 선이라는 게 있구나. 벽에 부딪혀본 인간만이 느낄 수 있는 마음속 충동 조절계가 생기게 되었다.

하지만 나는 그대로 게임을 사랑하는 어른으로 자랐다. 삶이 바빠져도 게임은 여전히 내 삶의 중요한 일부였다. 학업과 인간관계, 다른 취미들이 비집고 들어와 삶에서 비중이 다소 줄어들었을 뿐이다. 리그 오브 레전드, 히어로즈 오브 더 스톰, 스타크래프트, 풋볼매니저, 삼국지, 머털도사 2, 환세취호전, 대항해시대 등 열거하기 어려운 수많은 명작이 나를 거쳐갔다.

오죽하면 가장 기억에 남는 아르바이트도 피시방 직원이다. 피시방에서 게임 데이트를 하는 여러 커플을 보고 어쩌면 게임이 성별 갈등을 치유할 공통의 기반이 될 수 있겠다는 가능성을 엿보기도 했다. 혐오를 이기는 것은 사랑과 재미니까. 여하튼 지금은 그래픽이 좋고 속도감이 빠른 게임을 하면 한창때와 달리 멀미가 난다. 손이 머리를 따라가지 못하고, 머리는 눈을 좇지 못한다. 그래서 직접 하는 것보다 남이 하는 게임을 구경하는 편이 되었지만, 지금도 간간이 즐긴다.

나는 게임이 정말 재밌고 즐거운 취미라는 것을 안다. 게임의 즐거움을 모르는 이가 게임을 질병 취급할 때면, 오히려 그 사람에게 더욱 애잔한 마음이 든다. 편견만 남은 이 사람은 평생 게임이 가져다주는 이 광대하고 창의적인 세계를 모르겠지? 이런 대작의 반열에 오른 게임도 못 해보고 죽을 테니 불쌍해 죽겠다.

게임이 가장 저렴한 취미라는 것도 동의한다. 캠핑, 자동차, 자전거, 오디오, 낚시, 골프 등 어른들의 값비싼 취미들에 비하면, 게임은 초기 장비 하나에 몇만 원만 들이면 몇 달을 즐길 수 있는 정말 경제적인 취미다.

나는 훌륭한 게임을 접할 때마다 잘 만든 영화를 보고 좋은 소설을 읽은 것 이상의 감동을 받곤 한다. 잘 만든 게임을 하면 눈물이 난다. 아마 영화보다 게임을 하다가 더 많이 울었을 것이다. 게임에서만큼은 소설에서 느꼈던 타인의 삶을 훔쳐보는 재미를 넘어서, 아예 살아보지 못했던 인생을 살아볼 수 있으니까.

게임이라는 것은 종합예술이다. 좋은 음악감독과 스토리 작가, 훌륭한 철학자, 그리고 감각 있는 그래픽 디자이너와 실력 있는 프로그래머, 엔지니어들의 만남으로 이뤄낸 협업의 산물이다. 문·이과와 예체능을 넘나드는 장르 초월 협업이 창조해낸 새로운 세계가 훌륭하지 않을 도리가 없다.

영화가 스토리와 캐릭터를 영상에 담아 예술적 의미를 구현하는 매체라면, 게임은 영화적 요소에 유저의 플레이와 상호작용이라는 참여 형식까지 덧붙인 능동적인 장르라고 할 수 있다. 가상의 공간에 건설한 새로운 세계와 매력 있게 그려진 인간을 직접 움직여 써 내려가는 자기 주도적 이야기가 어찌 좋지 않을 수 있을까.

그래서 네 인생의 책이 무어냐 묻는다면 한참을 망설일 텐데, 인생 게임을 묻는다면 주저하지 않고 말할 수 있다. 〈레드 데드 리뎀션RED DEAD REDEMPTION II〉, 친한 친구가 소개해준 게임이다. 속죄와 구원, 복수와 종말을 주제로 한 대작이다. 미국의 무법시대가 저무는 끝물에 한 갱단이 파국으로 치닫는 과정을 통해 선악의 경계, 의리와 애증에 대한 깊이 있는 고민을 하게 만든 작품이다.

나는 한동안 게임 속 주인공이자 갱단의 행동대장인 '아서 모건'으로 살아보았다. 파란만장한 인생이었다. 가장 존경했던 이가 내 눈앞에서 무너져가는 모습을 지켜보는 것은 너무나도 괴로운 일이다. 갱단을 향해 좁혀오는 포위망 속에서 아버지와 같았던 두목은 총명함과 평정심을 잃고 조직을 망하는 길로 이끈다.

애정 어린 말을 건넬수록 실패에 대한 책임추궁으로 받아들이며 흔들리는 두목. 옛 우정은 피어오르는 불신 속에서 서서히 질식해가고, 충성을 팔아먹는 기회주의자들은 외로운 보스를 구워삶아 조종한다. '의리'라는 것에 얽매여 엇나가는 조직을 바꾸지도 떠나가지도 못하는, 늑대가 되지 못한 들개. 주인공 아서는 두 번째 인생을 보장하는 기회의 땅 미국의 마지막 추방자로서, 파멸로 예정된 최후를 향해 뚜벅뚜벅 걷는다.

그러나 시궁창 같은 삶에서도 인간미라는 게 있었다. 정이 붙는다는 건 무서운 일이다. 혼란스러웠다. 살육과 폭력이 횡행한 시대의 한 무법자일 뿐인데, 나는 평생 평범한 행복에 닿지 못한 그가 진심으로 평온하길 바랐다. 어쩌다 이 무법자를 사랑하게 된 걸까. 그래서 결말을 알게 된 2회차부터는 최대한 게임의 진행을 미루면서, 여기저기 말을 타고 돌아다니며 중간중간 화면을 확대해 아서의 웃는 얼굴이 나올 때마다 스크린샷을 찍어두는 버릇이 생겼다. 지금은 게임 3회차다.

아서의 얼굴이 박혀 있는 게임의 포스터를 사서 내 방 제일 높은 곳에 걸어두었다. 출근할 때마다 타오르는 석양을 뒤로한 채 총구를 겨누는, 카우보이모자를 쓴 한 무법자를 마주한다. 자신에게 들이닥칠 비극에 개의치 않는 듯한 무표정한 얼굴이다. 이 남자에게 평범한 일상이 가져다주는 표정이 생기기를 바랐다. 그리고 무려 20만 원이 넘는 그의 피규어를 사고자 마음먹었다. 이 남자는 나에게 그만한 가치가 있는 인물이다.

재미의 땅은 영토가 넓다

게임 없는 인생을 추호도 생각해본 적이 없다. 인간에게 유희를 빼앗는 것은 신조차 내려선 안 될 징벌이라 생각한다. 그러나 게임은 나의 부분집합일 뿐 전부가 될 수는 없다. 만약 내 인생의 유희에 게임만 남는다면, 그건 정말 슬플 것 같다. 인생 게임은 게임이지 인생이 아니니까.

군대에 있을 때 중대장보다 나이가 많았다. 내 또래는 대위들이었지만, 여단의 '또래 상담병'을 맡았다. 동생들의 고민은 어리다는 이유만으로 가볍게 치부할 수 없는 것들이었다. 내가 살아온 경험으로 미처 다 답해줄 수 없을 만큼 심각한 것도 있었고, 때로는 엉뚱한 것들도 있었다. 그중에서도 게임 중독은 유독 자주 등장하는 주제였다. 이렇게 게임에만 빠져 살다가 인생 망할 것 같다는 고민이었다.

후임이자 동생인 그들의 눈에는 대학원까지 나와서 열 살 가까이 많은 내가 제법 어른스럽게 보였을 것이다. 내심 정신을 차리도록 따끔한 말을 기대했던 것 같은데, 나는 독설 대신 내 경험을 들려주었다. 최대한 구어체로 생생하게 옮겨보았다.

게임 중독은 너에게 큰 문제가 아닐지 몰라. 나도 게임 엄청 좋아하거든. 그런데 공부도 열심히 했고 결국 학위도 땄어. 내 자랑을 하려는 게 아냐. 어렸을 때가 생각나. 〈디아블로 2〉 CD를 사려고 용돈이랑 세뱃돈을 깨작깨작 모아서 용산 전자상가에 갔어. 그런데 알고 보니 필요한 CD가 두 장인 거야. '오리지널'과 '확장팩'. 돈이 모자라서 둘 중 하나밖에 못 샀지. 그게 어찌나 서럽던지 돌아오는 버스 안에서 엉엉 울었어.

난 지금도 게임이 좋아. 전역

하면 게이밍 노트북부터 기함급으로 하나 장만할 거래두?(실제로 샀다) 게임 덕에 세상 설명할 때 편한 점도 많아. 어떤 사회에 살고 싶냐 물어오면, 난 보통 이렇게 말해. "무과금·소과금으로도 도전할 만한 사회, 충분히 즐길 거리가 많은 사회." 이렇게 말하면 게임 좋아하는 사람들은 금방 알아먹어. 고인물이 점령한 게임은 망한다. 이 말 한마디면 독점이 사회에 왜 나쁜지, 기득권과 빈부격차가 왜 나쁜지 사회과학 교과서 없이도 금방 알아듣잖아. 우리 사회는 경쟁과 협동이 교차되고 전략이 실시간으로 상호작용하는 게임과 닮았고, 성취욕과 성장욕 같은 게임적 동기를 넓혀보면, 공부나 직업도 현실의 게임과 마찬가지 아니겠어?

그런데 난 게임 중독보다 더 큰 문제는 취미의 빈곤이라 생각해. 다른 취미도 가져보고, 그중에 게임이 제일 좋아서 게임만 하는 것은 아무런 문제가 없어. 그건 행운이지. 이 세상엔 좋아하는 것조차 못 찾고 재미없게 죽는 사람도 수두룩한데, 얼마나 좋아. 그런데 삶이 게임에만 갇혀서 다른 재미를 탐색조차 해보지 않았다? 시도조차 해보지 않은 삶은 적어도 내 기준에선 정말 최악이라 생각해. 세상엔 내가 모르는 재미가 너무 많거든. 다른 사람이랑 같이하면서, 또 남이 권해서 해봤다가 빠지게 되는 재미들이 얼마나 많은데. 축구, 음악, 캠핑, 여행, 수집, 데이트, 소모임, 운전 등등 그 취미들이 널 기다리고 있을걸?

피시방이 가장 싸다는 네 말에 전적으로 동의해. 내가 피시방 아르바이트생 출신이야. 하루 만 원으로 확실한 재미를 보장하는 곳은 대한민국에서 아마 피시방이 유일할 거야. 피시방에서 먹는 라면은 유독 맛있다? 정신 팔려서 '영혼의 한타'에 집중하다 보면 불어터진 라면도 맛있어. 콜라는 더 달고 탄산은 더 톡 쏴. 게임이 절정으로 치닫는 그때 들려오는 나지막한 전자 음성, "선불시간 5분 남았습니다." 천 원을 더 넣을지 말지 그 쫄깃한 긴장감. 잠깐 죽었을 때 후딱 돈 넣으러 달려가는 그 느낌, 다시 느껴보고 싶지.

그렇지만 당장은 여건이 안 되더라도, 점차 커가며 삶이 정돈되고 만들어지는 과정에서 취미를 다채롭게 꾸려가려는 시도는 항상 해봐야 한다고 생각해. 난 취미가 빈곤한 사람은 관계도 빈곤하다고 생각하거든. 도무지 타인과 할 말이 없는 거야. 어쩌다 만난 상대가 있다고 쳐. 대화 주제가 하나라도 겹치면 그다음은 알아서 진행되는 거거든. 스칠 옷깃을 많이 만들어둬야 여러모로 좋고 편해.

지난번에 이성이랑 만났을 때 말을 어떻게 꺼내야 할지 모르겠다고 물었잖아. 지금 상태론 설령 말을 붙여보더라도 이어지지 않을 거야. 삶이 좁으면 도통 접점이 생기기 어렵거든. 게임 이야기 말곤 동성 친구랑도 대화가 어려운 삶에서, 구애? 어림도 없지. 여행지, 영화, 책, 반려동물 같은 쌓아둔 경험과 재미가 상대와 공통의 영역이 될 때, 득이 되는 경우는 있어도 실이 되는 경우는 없다고 봐. 그러니까 이따 할 거 없으면 축구화 챙겨서 풋살장으로 나와보도록. 이상!

군대에서 처음 축구에 맛들인 친구들이 전역 후 사회에 나가서도 주기적으로 공을 만지지 않으면 몸살이 나는 진성 축구인이 되어버린 것을 볼 때면 내가 다 뿌듯하다. 가끔 이 친구들의 SNS에 축구 관련 게시물이 올라오면 '좋아요'를 100개라도 더 누르고 싶다. 축구라는 것의 재미를 알려줄 수 있어 기뻤다. 내가 넣은 골 장면을 두고두고 머릿속에서 다시 돌려보는 재미는 아는 사람만 안다. 그 맛을 아는 친구가 늘어난 것이다.

내 삶에서 게임은 놀이터였고 입시지옥의 해방구이자 우정의 수단이었다. 10대와 20대를 거쳐, 그리고 직장인이 된 30대가 되었는데도 아직도 난 철없이 피시방만 떠올리면 가슴이 두근거린다. 그러나 게임 중독을 위한 변론은 여기까지다. 대리만족은 어디까지나 대리만족이다. 대리만족과 진짜 만족의 경험이 균형을 이루지 못하면, 인간의 삶은 무게중심을 잃고 휘청거리다가 일상에 막대한 지장을 준다. 중요한 것은 게임 속 인생이 아니라 나의 '현생'이다.

게임 덕분에 축구 감독으로, 마피아의 일원으로, 대항해시대 오대양 육대주를 누비는 선장으로 살아보고, 조국 독립 운동에 투신한 남미의 혼혈아로 살아보기도 했다. 아주 좋은 간접경험이었다. 그런데 이는 어디까지나 직접 땀 흘려 빨랫줄 같은 슈팅을 해보고, 프로축구 구단의 경기를 직접 관람하며, 목청껏 지르는 함성에 파묻혀 팬들의 뜨거운 열기와 혼연일체가 되어보고, 공연장의 우퍼스피커가 내 가슴과 뱃가죽을 마음껏 두들기는 진동을 짜릿하게 느껴보고, 배낭과 자전거로 동해안을 종주해보는 경험의 기회들을 차단할 만큼은 아니다.

나는 좋아하는 노래가 생기면 질리도록 한 곡 반복으로 듣는 스타일이다. 그러나 한 곡만 듣는다고 해서 한 곡만 아는 사람은 아니다. 나는 여러 장르, 여러 가수의 여러 음악을 좋아한다. 꾸준히 새로운 노래가 내 삶을 파고든다. 그중 하나에 꽂혔을 뿐이다. 책을 한 권도 읽지 않은 이보다 한 권만 읽은 사람이 가장 경계해야 할 사람이라는 말이 있다. 이 말을 약간 비틀면 하나의 취미에 갇혀 다른 재미를 접할 기회를 걷어찬 사람은 가장 안쓰러운 사람이 될 테다. 거의 동의한다.

    모든 독점은 나쁘다. 그러나 어떤 독점은 더 나쁘다. 끊임없는 멸종과 우점종의 과증식으로 종의 다양성이 파괴된 생태계는 황망하기 그지없듯이, 게임이 다른 취미의 가능성을 전부 집어삼킨 삶도 마찬가지다. 무엇을 해보라고 쥐여준 젊음을 어떻게 쓰든 각자의

재미의 땅은 영토가 넓다

자유겠지만, 나라면 절대 그렇게 허비하지 않을 것이다. 한때 유행했던 '버킷리스트'처럼 진부한 말은 하고 싶지 않지만, 인생의 플레이리스트는 늘려갈수록 좋다고 생각한다.

게임 중독을 문제시하는 사회가 은폐하고 있는 진실은 취미의 빈곤이자 취향의 실종이다. 게임밖에 할 게 없다는 말은 어떤 면에서는 게임 말고 다른 취미를 가져볼 기회가 적었다는 말과 같다. 취향을 쌓아볼 경험이 턱없이 부족하다는 말이기도 하다. 게임 중독은 일정 부분 취미 빈곤 사회의 누명을 대신 쓰고 있다. 취미 탐색의 기회가 너무 적고, 입시로 많은 기쁨을 미뤄가며, 늘어난 취업 준비 기간이 인생의 부채처럼 쌓이는 시대에는 게임이 아마 가장 가까운 도피처일 것이다.

나는 게임을 사랑한다. 그러나 이 사랑은 대안이 없어 마지못해 받아들인 사랑이 아니다. 내 삶은 내가 사랑하는 것들로 채워져 있다. 게임은 내 삶이 무탈하게 진행되는 한 결코 버리고 싶지 않은 하나의 사랑이다. 그 사랑을 쉽사리 모독하고 함부로 게임을 타박하는 인간들의 편협함이 몹시 불편하다. 그러나 편협한 사랑도 한번 각도를 달리해 생각해볼 필요가 있다. 우리에겐 더 많은 것을 사랑할 자유가 있으니까. 재미의 땅은 영토가 넓다.

다단계 우정 보고서 I

한 이야기를 소개한다.

• • •

원호와 민수는 대학교 전공수업 조별과제에서 만났다. 원호는 철학과 전과생이었고, 민수는 옆 학교 출신 편입생이었다. 동갑내기였고 간판변경에 20대 전반부를 모조리 써버린 늦깎이였다. 옮겨온 학과는 텃세가 셌다. 이런 곳에서 외지인은 저절로 밀려나 조용히 친해지기 마련. 연장자였던 원호와 민수는 금세 같은 처지의 편입생, 전과생들의 주축이 되었다.

본교생 성골들과 적당한 거리를 둔 채, 강의실 좌우측 한쪽 귀퉁이에 조용히 몰려 앉던 이들은 자신들을 6두품이라 불렀다. 수업 시간표를 똑같이 맞추는 것과 함께 밥을 먹는 것은 암묵적 원칙이었다. 부지런히 학점을 따라가는 처지에서, 정보 부족과 조별과제 리스크 최소화를 위해서는 서로 뭉쳐야만 했다. 혼밥의 초라함에 위축되지 않고 멘탈을 지켜야 함은 물론이었다.

새 학기 첫 달은 눈치와 적응에 전력을 쏟았다. 그러다 심신이 지칠 때면 원호와 민수는 공원 개천 돌다리에 앉아 만 원에 네 캔짜리 편의점 캔맥주를 마셨다. 학교 신문 두어 장을 깔고 물소리를 들으며 마시는 술은 대학생활의 몇 안 되는 낭만이다. 이런 술자리에서 사람은 유독 솔직해진다. 감정의 통행료는 사라지고 대화의 중간 과정은 생략되지만, 의미와 감정은 또렷하게 교감된다. 신세 한탄이나 미래 포부 따위를 말하다 보면 급속도로 가까워지는 것이다.

"우린 다 잘될 거야!"

불콰하게 술이 오를 때마다 반복하던 원호의 말버릇이었다. 각자 자취방으로 돌아가는 길이면 원호는 항상 주문처럼 긍정의 복음을 외웠다. 민수는 그 말이 낯뜨겁다고 생각했지만, 이따금 속으로 나지막이 그 말을 따라 했다. '그래, 잘될 거야.' 긍정적인 기분이 충전되는 것 같으면서도 부끄러웠다. 누가 엿듣는 것도 아닌데 걸음만 빨라졌다.

원호는 학과생활에 쉽게 적응했다. 잘생긴 외모에 외향적인 성품, 넉넉한 집안에서 부족함 없이 자란 티가 나는 행동거지까지, 그에게선 20대 남자가 갖는 특유의 조바심이 느껴지지 않았다. 그가 풍기는 여유로움의 냄새는 쉽게 타인의 호감을 샀다. 원호는 사람 사이의 어색함은 밥이 허물어준다는 것을 잘 알고 있었다. "아버지가 입보다 지갑을 열래!"라고 말하며 대화를 이끌어가는 솜씨와 붙임성이 일품이었다. 원호의 밥은 항상 상대방의 '보은 커피'로 돌아왔.

아니, 원호는 상대방을 아쉽게 만드는 재주가 있었다고 말하는 쪽이 더 정확할 것이다. 나중엔 상대방이 커피건 술이건 매달리게 되는 것이다. 대체로 사람들은 그를 쉽게 좋아했고 싫어하기 어려워했다. 그래서 원호에게는 뭐든 크게 한 건 할 것 같다는 평판이 뒤따랐다. 원호를 보면 자신감이라는 감정조차도 불평등하게 분배되는 성질의 것이라는 점을 누구나 쉽게 알 수 있을 정도였다. 한마디로 원호는 매력적인 사람이었다.

반면에 민수는 나쁜 의미로 뭐라 정의하기 어려웠다. 좋게 말하자면 무난했고 나쁘게 말하자면 존재감이 없었다. 민수는 수더분했고 내성적이었으며, 사소한 일에도 금방 당황해서 종종 말을 더듬었다. 자신감과는 영 거리가 먼 인물이었다. 사람들은 민수를 떠올리는 데 꽤 어려움을 겪었다. 이름도 흔했고 차림새나 맵시도 튀는 곳 없이 무난했다. 사람들은 민수를 기억하기 위해 한참 뜸을 들이곤 했다.

그러나 '원호 친구'라는 단서를 달아주는 순간 곧바로 회로에 번갯불이 들어와 민수의 존재가 호명되었다. 원호가 항성처럼 독자적으로 존재의 빛을 내뿜을 때, 민수는 위성처럼 관계 주변을 맴돌았다. 원호는 어디서든 쉽게 형이 되었다. 하지만 민수는 동생들에게 쉬이 먹혔다. 민수가 형 대접을 받는 조건은 다른 형이 함께 있는 자리여야 했다.

시간이 갈수록 학과에 완벽히 녹아든 원호는 귀가 밝고 발도 넓어졌다. 만나는 사람마다 귀담아들을 만한 정보를 그냥 들려주었다. 이제 호의를 무료로 살 수 있게 된 것이다. 답례라곤 "고마워. 나중에 커피나 한잔하자!" 한마디면 충분했다. 사람들은 원호의 웃는 표정을 좋아했다. 원호는 연기가 늘어 대충 고마워도 진심인 것마냥 전할 수 있게 되었다.

그러나 타인에게 민수는 그저 스쳐가는 존재였다. "언제 커피나 한잔하자"라는 말을 들을 때의 당혹감. 당연하게도 커피나 한잔하자던 그 '언제'는 민수에게 좀처럼 오지 않았다. 민수의 세계에서 약속과 빈말은 구분하기 어려운 동의어였다. 그러나 민수는 의례적으로 던지는 인사치례용 빈볼에조차 마음을 많이 썼다. 혹 이 사람과 어디서 만나 어떤 메뉴를 시키고 어느 자리에 앉아서 어떤 주제로 대화를 나눠야 할까? 반복되는 시뮬레이션과 풀스윙. 타인과의 관계 속에서만 존재했던 민수는 그 관계 속에서 항상 빈곤했다.

다른 사람의 인정은 어떻게 사는 걸까? 이따금 차라리 자격증이나 면허처럼 학원에 성실히 나가 열심히만 하면 얻을 수 있는 성질의 것이길 바란 적도 있었다. 사람들은 다른 사람들의 소식에 대해 떠들다가도, 민수가 다가갈 때마다 멋쩍게 웃으며 입을 닫았다. 원호에게는 접근의 자유가 있는 공간이 민수에게는 기밀 딱지가 붙은 비밀의 방이 되곤 했다.

그럴 때면 민수는 사람들이 종종 자신을 얕본다고 느꼈다. 그때마다 부아가 치밀었다. 하지만 남들이 나를 무시하고 있다는 사실을 직시하는 것은 더 두려웠다. 무시당한다는 느낌을 받지 않을 방법은 선제대응, 먼저 퍼다 주는 것이다. 착한 호구라는 자기합리화. 민수는 불편함을 느낄 때면, 바쁜 일이라도 생긴 양 알아서 자리를 피해주었다.

그런 민수에게 원호는 항상 너무도 흔쾌히 곁을 내주곤 했다. 원호는 대개 학과 내 소식이나 교수의 성향과 스타일 따위의 '고급 정보'를 제공했고, 민수는 학사일정이나 유머사이트 베스트 게시물 따위의 성실성만 있다면 누구나 접할 수 있는 소식을 늘어놓았다.

원호도 이미 알고 있었던 것들이었지만, 굳이 민수에게만큼은 꼭 "고마워. 잘 알아둘게"라고 답했다. 내심 툭하면 주눅이 드는 민수의 기를 살려준다는 선의도 있었으나, 대개는 '널 챙기는 것은 나'라는 위선의 발로에서 비롯된 서열 확인이었다. 챙기는 쪽과 챙김을 받는 쪽의 권력은 언제나 비대칭의 일그러진 모양을 하고 있다.

학내 가십거리조차 쉽사리 얻지 못했던 민수는 원호에게 그런 '고급 정보'를 전해 들을 때마다 멋쩍고 황송해져서 "내가 커피라도 살게"를 입버릇처럼 반복했다. '나는 얘한테 받기만 하네.' 비교가 열등감과 손을 잡았고, '등가교환'이라는 개념으로 민수의 내면에서 열등감이 곰팡이처럼 피어났다. 민수는 심적인 열등감을 해소하는 방법을 알지 못했다. 그래서 원호에게 건네는 커피 따위의 자본주의적 방식으로 그 간극을 메우려 했다. 굳이 원호에게 줄 이유가 없는 선물에 그럴듯한 이유를 붙이려 할 때마다, 민수는 선물과 뇌물의 경계가 흐려지는 순간을 자각하곤 했다.

민수와 밥을 먹을 때면 원호는 마치 혁명 집단의 수뇌가 된 듯 일장 연설을 늘어놓았다. 달변이었다. 한국의 정치 현황, 구직시장의 트렌드, 학과 내의 치정관계에 이르기까지 인간 세상의 대소사를 거침없이 말했다. 밀담이라 더 짜릿했다.

종종 민수는 원호의 말이 미심쩍게 들리기도 했지만, 진위 여부 따위는 중요치 않았다. 그보다는 원호의 최측근이자 내부자가 되었다는 느낌, 그것만으로도 황홀해 시종일관 원호의 말에 고개를 끄덕였다. 민수의 경우를 보면, 착각이란 몰라서 하는 것이 아니라 알면서도 하는 것이었다.

사실 원호가 민수에게 속내를 털어놓는 이유는 그저 민수가 자신에게 아무런 위해를 가하지 못할 것이라 여겼기 때문이었다. 원호에게 민수란 국가기밀을 빼돌려도 절대 발설하지 않을 만큼 나약해서 안전한 상대였다. 아마 민수라면 기밀을 알고 있다는 사실 자체가 두려워 밤잠을 설칠 그런 종류의 인간이겠지.

그러나 민수의 고장 난 수신기는 그 신호를 원호가 최측근에게 베풀 수 있는 최혜국 대우로 해석했다. '우리 학과생 모두가 좋아하는 원호의 속내를 아는 유일한 내부자가 바로 나라니.' 그것만으로도 자신이 잘나가는 선배 대열에 합류한 것처럼 느껴졌다. 이따금 민수는 원호가 가끔씩 던져주는 공치사에 동기부여되는 자신을 발견했다. '나 친구 잘 됐구나.' 민수는 원호 옆에서만큼은 초라하지 않았다. 열등감이 이제 인정욕구로 변한 것이다. 아마도 그 시절 민수는 인정 중독 초기였던 것 같다.

다단계 우정 보고서 II

 그때의 민수가 원호를 진심으로 좋아했던 것만은 진실이다. 아니, 좋아하기보다 선망했다고 말해야 할 것 같다. 자신을 못 본 척 스쳐 지나갔던 후배들이 원호에게만 환하게 웃으며 먼저 인사를 건네는 것을 볼 때면, 한 번쯤 원호로 살아보면 어떨까 하는 궁금증이 일었다.

 원호는 항상 미래를 말했다. 그 미래 속 세상은 명쾌해서 불안감이 없었다. 민수는 원호가 말하는 미래에 쉽게 위로받았다. 원호도 그 사실을 모르지 않는 듯했다. 대화의 얼굴을 한 강의. 원호가 주로 말하는 쪽이었다면, 민수는 주로 듣는 쪽이었다. 표현의 자유를 한껏 누리는 쪽이 있다면, 감탄사로 반응하는 쪽이 있다.

 언젠가부터 민수는 자신이 자연스레 원호를 대장으로 여기고 있음을 발견했다. 평등한 우정과 불균등한 자존감 사이의 동거는 그리 오래가지 못했고, 원호와 민수의 친구관계는 어느새 주종관계로 변해가고 있었다. 사실 이 세상에 동등한 친구관계는 그리 많지 않을지도 모른다.

언젠가 호프집에서 맥주를 마시던 원호가 물었다.

"야, 앞으로 너 뭐 해 먹고살 거냐?"

민수가 쭈뼛거리며 답했다.

"그… 글쎄…, 그게… 크게 생각해본 적이 없네…. 내가 잘하는 게 있는지도 모르겠어서…."

"에이, 세상 뭐 별거 있다고. 너 나랑 같이 시험 치자."

"시험?"

"로스쿨 어때? 남자로 태어났으면 크게 한번 놀아봐야 할 거 아냐, 짜샤! 결국 문과는 법조인밖에 없어. 번듯한 양복 입고 남들 존경받으면서 돈도 잘 벌고. 이 정도 대학까지 어렵게 들어왔으면 그런, 꿈꿀 자격 있지."

원호는 민수에게 사실 지난달부터 로스쿨 시험을 준비하고 있다고 말했다. 자신의 가능성을 시험해보고 싶다고 했다. 아직 누구에게도, 심지어 부모님과 여자친구에게조차 말하지 않았다고 덧붙였다. 나에게만 말했다고? 민수는 그 말에 순간 가슴이 찌릿했다. 원호는 민수에게 법학 적성시험을 권했다. 단순한 권유일 뿐인데 거절해서는 안 될 것만 같은 생각이 들었다. 원호를 실망시킬까 봐, 혹여 나약한 모습을 들켜 못난이 취급을 당할까 봐 조바심이 일었다.

원호는 "내가 사람 보는 눈 하나는 기가 막힌데…, 너 정도면 충분하지"라며 능숙하게 민수를 부추겼다. 그러고는 유명 인사들이 사실은 개천에서 자란 용 출신이라며 그들의 일대기를 무협지처럼 읊기 시작했다. 마치 벌써 이름난 대형 로펌에 취직한 중견 변호사라도 된 것처럼 보였다. 원호가 어깨를 으쓱거리며 한마디 보탰다. "우리, 먼저 붙는 사람이 꼭 도와주기다? 잘되는 사람이 꼭 도와주자. 다 잘될 거야."

'내 주제에 로스쿨? 학점도 그렇고 토익 점수도 별론데….' 민수는 자신의 합격이 객관적으로 불가능하다는 것을 어렴풋이 느낄 수 있었다. 자신의 불합격을 예상하고 건넨 권유라는 의심도 들었다. 그러나 "다 잘될 거야"라는 원호의 말은 한 줄기 섬광 같았다. 살아오면서 그에게 원호만한 친구가 없었던 것도 사실이었다. 누군가 내 인생과 진로를 함께 고민해주고 조언해준 적이 있던가? 욱하는 마음도 일었다. 민수는 한번 해보겠다는 그답지 않은 자신감으로 짤막하게 말했다. "할게, 시험."

사실 꽤 오래전부터 민수는 원호가 내심 자신을 깔보고 있다는 것을 알고 있었다. 일전에 한 후배가 원호에게 민수가 어떤 사람인지를 묻자 원호가 가벼운 말투로 툭 던지는 말을 엿들은 적이 있다. "민수? 착하지." 착하다는데 왜 기분이 나쁘지?

민수는 쓸모있는 인간으로 인정받고 싶었다. 민수가 요구받은 역할은 사실 원호의 '페이스메이커'다. 원호는 합격을 목적으로 공부했지만, 민수는 원호에게 인정받기 위해 공부를 시작했다. 나중에는 착하다는 말이 도리어 고마웠다. 자신이 원호 옆에 있었기에 목표라는 게 생겼다는 생각이 들었기 때문이다. 민수는 지휘 역할을 맡은 원호가 공부에 집중할 수 있도록 장소 섭외, 약속 조율 등 스터디의 궂은일을 알아서 처리했다. 그만의 배려였을까? 아무도 알아주지 않는 헌신.

원호는 민수보다 빨리 배웠다. 사실 시험에 합격하기 위해서는 빨리 배우는 것은 그다지 중요한 요인이 아니다. 정확히 배워 제한시간 내에 정확히 푸는 것이 중요하다. 어찌 됐건 반복-숙달의 법칙은 누구에게도 예외가 없다. 그러나 소심한 사람은 자신보다 빨리 배우는 상대를 지켜보는 것만으로도 체념에 빠지게 된다.

인정받기 위해 공부를 했던 민수의 호승심은 오래가지 못했다. 자신도 아는 걸 굳이 가르치려 드는 원호의 모습이 불쾌했다. 본래 약자가 자의식을 갖는 순간이야말로 권력이 가장 취약한 시점이다. 민수는 이제 사소하게 저항했다. 민수의 무기는 우울감과 무력증을 있는 그대로 표출해 이탈을 암시하는 것이었다. 자신을 달래러 오는 원호의 시간을 빼앗을 수 있었기 때문이다.

민수가 풀죽은 표정으로 "나는 안 되는 것 같아…" 넋두리하며 시험을 접겠다고 말할 때마다, 원호는 민수를 달랬다. "너 할 수 있어. 누구한테나 슬럼프는 있는 법이야. 나랑 같이 하면 돼. 여기까지 왔는데 포기하면 아깝잖아. 야, 그러지 말고 이따 맥주나 한잔하자."

알코올은 인간의 신체적 면역뿐만 아니라 심리적 저항력을 떨어뜨리는 효능이 있다. 원호의 타이름에 민수는 또다시 마음이 약해져버렸다. 원호는 민수를 '긍정의 복음'으로 구워삶았다. 그저 친구로서 같이 열심히 공부해서 합격하자는 게 뭐가 문제지? 지배를 거부했던 자의식의 방향이 다시 자발적 복종으로 향하고 말았다.

그러나 시험이 채 한 달도 남지 않은 시점이 다가오자, 강자의 자의식 또한 흔들리기 시작했다. 여름날의 무더위에 원호 또한 지쳐갔다. 갈수록 마음의 여유가 사라졌다. 시험 합격은 능력과 노력이 행운을 만나야 가능한 것이지, 호기로 쟁취하는 것은 아니었기 때문이다. 원호는 사소한 일에도 쉽사리 평정심을 잃곤 했다.

불안할 때마다 원호는 민수의 공부 자세를 꾸짖었다. 민수가 조금이라도 무능함을 드러내면 원호는 남들 앞에서 크게 한숨을 쉬었다. "그런 마인드로 나중에 뭐 해 먹고살려고 그래?" 그럴 때마다 민수의 자존감이 풍화되었다. 이것은 갈굼이다. 민수를 갈구고 나서 원호는 꼭 한마디를 덧붙였다. "나니까 너한테 그런 말 하는 거야. 다 너 잘되라고 하는 거지. 밥이나 먹으러 가자. 내가 살게." 이번에 자본주의적으로 해결을 보는 것은 원호였다. 강자의 뇌물이었다.

실상 원호는 민수를 흠집 내어 자신의 불안함을 달랜 것이었다. 원호는 자신의 무능을 숨기기 위해, 자식을 패며 한 줌의 권위를 확인하는 못난 가장처럼 굴었다. 잠이 많아지고 생활패턴이 흔들릴 때마다, 집중력이 떨어져 책이 눈에 들어오지 않을 때마다, 결과가 불안해 잠이 오지 않을 때마다, 시험에서 도망치고 싶을 때마다 전화를 걸어 민수에게 신세를 한탄했다. 그러면서 꼭 덧붙였다. "내가 이 정돈데, 너는 오죽하려나…."

시험을 준비하는 기간 내내 민수는 원호의 자신감이 흔들릴 때마다 무시당하는 충실한 바닥의 기준점이 되어주었다. '그래도 쟤보단 낫지.' 사실 잘나 보이는 원호도 민수의 자존감을 훔쳐서 살고 있었다. 민수는 원호에게 의존했지만, 원호는 민수에게 기생했다. 원호가 실은 자기가 더 불안해서 그러는 것이라고는 감히 생각조차 하지 못한 채, 민수는 빠른 납득으로 자신을 파먹었다. 원호가 별것 아닌 사람이라는 사실이 들통날수록, 그에게 의지했던 지난날 자신의 인생과 마음이 견딜 수 없이 초라해졌기 때문이다.

원호와 민수는 사이좋게 세 번 떨어졌다. 원호는 간발의 차로 아쉽게, 민수는 모두의 예상대로 낙방했다. 로스쿨에 떨어졌어도 민수에게는 마음의 동요나 조금의 슬픔도 없었다. 원호도 떨어졌기 때문이다. 원호가 하지 못한 걸 자신이 해낼 수는 없는 법이다. 원호는 이제 민수의 천장이었다. 동시에 민수는 원호의 바닥이기도 했다. 그들이 공무원 시험으로 종목을 바꿨다는 소식이 들렸다. 바꿨어야 하는 것은 친구였는데 말이다.

생산하지 않고 착취만 해서는 누구도 진보하지 못한다. 그것은 세상의 이치이자 관계의 법칙이다. "잘되는 사람이 꼭 도와주자"던 이 둘의 우정 계약은 효력이 없었다. 아무도 잘된 사람이 없었으므로 도와줄 의무도 생기지 않았다. 끌어들인 자도 끌려온 자도 나갈 수 없는 '우정의 다단계' 속에서 무엇 하나 생산하지 못하고 갉아먹힌 채 낭비된 청춘의 시간들.

다음 시험을 준비하기 전에 지친 심신을 달래고자 민수는 원호와 잠시 해외여행을 떠났다. 원호는 활기차게 "내일은 내일의 해가 뜬다"며 입을 놀렸고, 민수는 "볕이 잘 들도록 쥐구멍을 파두겠다"며 우스갯소리를 덧붙였다. 나이에 넉살이 붙었지만, 이들의 일상은 변하지 않았다. 귀국하자마자 민수는 자발적으로 원호의 지시 없이도 새로운 스터디 모임을 만들기 위해 모교를 찾아 발품을 팔았다.

오랜만에 19학번이 가득한 학교에 발을 들이니, 09학번인 자신은 있어서는 안 될 듯한 지독한 생기에 질식할 것만 같았다. 구부정하게 교정을 걷던 민수는 중앙도서관 앞에 다소 일찍 도착해 근처를 서성이다 한동안 연락이 끊긴 후배를 우연히 마주쳤다. 후배가 민수에게 예의상 인사를 건네며 웃는 낯으로 물었다. "오랜만이에요, 형! 요새 뭐하고 지내세요?" 민수는 우물거리며 답했다.

"나? 원호가 준비하는 거…. 그거 같이 준비해…."

"엥? 원호 형? 원호 형이 뭐 준비하는데요?"

"그… 그, 고… 공무원 7급…! 언제 커피나 한잔하자."

민수는 어색하게 후배와 헤어졌다.

이제 민수도 아무렇게나 기약 없는 약속이라는 빈말을 던질 줄 알게 되었다. 그러나 돌아서는 발걸음마다 왠지 모를 찝찝함이 묻어나왔다. "뭐 하고 지내세요?" 근황을 묻던 후배의 목소리가 머릿속에서 맴돌았다. 로스쿨을 준비하면 로스쿨을, 공무원을 준비하면 공무원을 준비한다, 노무사면 노무사를 준비한다고 구체적으로 말할 수도 있었다. 청년실업이 대세인 세상에서 자신이 숨어야 할 유별난 백수도 아니었다. 취업이 아닌 공무원 시험으로 옮긴 것도 원호의 권유가 아닌 자기 의지라 생각하던 터였다. 그러나 민수는 자신의 도전에 떳떳하지 못했다. 내 의지로 이 시험을 준비하고 있다 당당히 말하지 못하고 또다시 원호의 이름을 빌리고 말았다. 자신이 내뱉은 그 말이 자꾸만 마음속에서 맴돌았다. '나? 원호가 준비하는 거….'

부르르르…, 갑자기 민수의 오른쪽 주머니에서 진동이 울렸다. 휴대폰 상단 알림창에는 7급 공무원 시험 접수 공고일 알림이 떴다. 2019년 현재, 민수는 원호와 함께 네 번째 시험에 도전 중이다.

· · ·

한 이야기를 끝마친다. 나의 원호는 누구였을까. 당신의 민수는 누구였을까? 당신의 우정은 우정이 아닐지 모른다.

생활기록부 여행

친한 동생이 대화방에 초등학교 시절 생활기록부를 올렸다. 천진난만한 시절의 모습과 선생님들의 서술을 구경하는 게 아주 재미났다. 요새 유행하는 '생활기록부 인증 놀이'라고 했다. '나도 뒤처질 순 없지.' 내친김에 나도 들어가 봤다. 정부24에서 인증 몇 번이면 초중고 12년치 생기부를 모조리 내려받을 수 있었다. 대한민국 전자정부가 참으로 대단하다.

초등학교 생활기록부를 펼쳐보았다. 사진을 보자마자 웃음이 터져 나왔다. Be The Reds! 흰색 붓글씨가 가슴팍에 야심 차게 프린팅된 2002년 붉은 악마 티셔츠를 입고 있는 까무잡잡한 아이. 구레나룻 쪽이 시원하게 밀린 스포츠머리로, 얼마나 땡볕에서 공을 찼는지 팔뚝 부분이 유독 시꺼멓다. 누가 봐도 축구 좋아하고 말 안 듣게 생긴 어린 내가 있었다. 오랜만이다.

나를 가르쳐주셨던 담임 선생님들의 목록이 눈에 들어왔다. 그런데 절반 이상이 가물가물했다. 기억에 남는 선생님들도 있지만, 기억에서 지워진 선생님들도 계셨다. 담임 선생님들 성함은 평생 기억할 줄 알았는데 많이 희미해졌다. 어른이 되면서 마냥 더 많이 갖는 건 아닌가 보다. 그보다는 더 많이 잊어버리고 잃어버리는 듯해서 살짝 서글퍼졌다. 어른이 되는 과정은 소중한 것들을 떠나보내면서 무뎌지는 법을 배우는 것이겠지.

"굴렁쇠를 넘어뜨리지 않고 굴릴 수 있음."
이 대목을 읽고 오랜만에 배꼽 빠지게 웃었다. 그때 내가 굴렁쇠를 잘 굴리긴 했다. 쇠가 모래 알갱이에 긁히는 소리와 함께 운동장을 질주하며 바람을 갈랐고, 빨빨거리며 후다닥 지나간 자리마다 모래 먼지가 뿌옇게 풍겼다. 새파란 체육복을 입고 달리던 모습이 생동감 있게 머릿속에서 재현되었다.

물론 40여 명이나 되는 학생의 재량활동을 혼자 기재해야 하는 선생님이 노동자로서 요령을 부린 서술일 확률이 높다. 그렇지만 뜬금없어서 웃기니 됐다. 이걸 적은 선생님은 훗날 서른이 넘은 제자가 다시 읽어보고 즐거워했다는 사실을 꿈에서도 모르셨을 것이다.

"학생의 진로희망: 재벌 / 학부모의 진로희망: 정치인"

가장 웃겼던 부분은 진로 부분이다. 사회초년생 나호선의 꿈은 평범하게 남들보다 더도 말고 덜도 말고 모자람 없이만 적당히 사는 것이다. 이제 내 이념은 '적당주의'인데 내 유년은 '야망의 아이'였다니. 아니, 더 궁금한 것은 우리 부모님은 무슨 연유로 아들이 정치인이 되길 바랐을까? 저 서술이 장난기 없는 사실이라면 지난 20년간 나는 야망을 깎아 지극히 평범한 삶을 꿈꾸기로 했다는 것인데, 그 계기가 무엇인지는 아직 잘 모르겠다.

재벌이 되고 싶었다던 꼬마는 어려서부터 비판의식이 남달랐고 글재주가 있었던 것으로 보인다. 크고 작은 대회에서 각종 글짓기 상을 휩쓴 이력에는 소질과 꾸준함이 드러난다. 사회구조와 시대의 모순, 기회주의자들을 비웃는 주제의식, 불평등과 부조리에 꽂혀 편중된 독서목록에는 왠지 모를 반항아적 기질이 엿보인다.

모친의 증언으로는 언젠가 내가 쓴 글 때문에 학교에 불려간 적이 있다고 했다. 그 나이대 학생이 저지를 수 있는 잘못이란 대개는 싸움, 욕설, 절도, 불장난, 기물파손 등일 텐데 '사상범'에 가까운 혐의로 불려온 것이다. 당시 보수 성향의 선생님이 내 글을 문제 삼았다는 것인데, 글의 내용은 전해지지 않고 글에 대한 평만 모친에게서 전해져 내려오고 있다.

"이승만-박정희 시절이라면 잡혀갔음."

대학 시절 모친은 내가 운동권에 가입하거나 데모를 하지 않을까 내심 염려했던 것으로 보였다. 내가 사회 비판을 하면서 열을 올리다 보면 엄마는 꼭 "잡혀간다. 조심해라"라고 말하며 불안한 기색을 내비치곤 했다. 거리보다 도서관을 좋아했던 나에게는 해당사항이 없는 말이었지만, 그 걱정은 아마도 이 사건에서부터 기원하는 것이 아닐까. 물론 우리 엄마는 "21세기에는 자기주장이 강한 자들만 살아남는다"라며 나를 훌륭하게 변호하고 선생님의 찌그러진 평을 가볍게 일축했다. 역시 반골은 반골을 낳는다. 그런데 도대체 무슨 글을 썼기에…. 그 글이 정말 궁금하다.

교복을 입은 내 모습이 새롭다. 회색과 쥐색이 세로줄로 번갈아가며 그어진 칙칙한 교복 와이셔츠는 지금 다시 봐도 객관적으로 촌스럽다. 입고 다니는 3년 내내 죄수복이라 부를 정도였다. 그래도 처음 입었을 땐 뭔가 감격스러웠다. 사람에게 복장은 굉장히 중요하다. 무슨 차림새를 하고 있는지는 자신감이나 자기 인식에 굉장한 영향을 미친다. 단추 달린 와이셔츠와 각 잡힌 재킷을 걸치니 조금은 더 자란 것 같아 가슴이 두근거렸던 기억이 난다. 첫 교복은 좋은 것이어야 한다는 신념을 가진 엄마는 저렴한 동네 교복점 대신 브랜드 교복점으로 날 데려갔다. 교복을 입는 나만큼이나 해 입히는 엄마도 설렜던 모양이다. 비록 무리는 했지만.

그러나 교복을 입고 찍은 첫 사진은 정말 지우고 싶다. 생활기록부상의 사진은 다행히도 교복 입은 내 첫 사진은 아니다. 초등학교 때는 스포츠머리를 하는 친구들이 많았다. 그런데 중학교에 올라가자 다들 짜고 친 것도 아니고 머리를 기르기 시작했다. 머리가, 특히 구레나룻 쪽이 짧으면 쪽팔렸다. 쪽팔림과 창피함에 취약했던 나도 덩달아 기르기 시작했다. 지금 보면 정말 지저분하고 볼품없지만, 사춘기 시절의 구레나룻은 목숨과도 바꿀 수 없는 자존심 그 자체였다.

학기 초에 출석부 제출용 증명사진이 필요했다. 남들처럼 사진관에서 무난하게 찍고 싶었다. 그러나 나는 사진관에서 찍지 못했다. 취직과 실직을 바삐 오갔던 아버지는 술값은 안 아껴도 이런 돈은 칼같이 아끼는 사람이었다. 집에서 직접 찍어준다는 아버지의 말을 나는 차마 거역하지 못했다. 물을 대충 발라 하기도 싫은 촌스러운 2:8 가르마를 억지로 하고, 집 벽지를 배경으로 똥 씹은 표정을 지은 채로 사진을 찍혔다. 얼굴은 넙데데했고 필름 카메라 플래시가 마구잡이로 내 이목구비를 때려죽인 처참한 사진이었다. 안경에 조명 빛이 반사되어 번쩍이는 것이 화룡점정이었다.

나는 그 사진이 정말 싫었다. 그 사진을 볼 때마다 나는 내 집과 부모가 원망스러웠다. 누가 출석부를 열어볼 때마다 조마조마했다. 출석부 사진을 보고 놀리는 친구들과 다퉜다. 몇 번의 정색과 이유는 묻지 말라는 의사표현을 분명히 한 후에는 마음이 조금 편해졌다. 그 뒤로 나는 일부러 더 인상을 쓰고 날카로운 표정을 지으며 불량한 척 사진을 찍었다. 일종의 반항이었다. 돈 몇 푼 아끼자고 '모냥'을 팔지 말자. 그때 가내수공업 증명사진으로 배운 인생의 교훈이다.

열심히 공부한 고등학교 시절의 생기부는 읽다 말았다. 쭉 훑다 보니 자정을 훌쩍 넘겼기 때문이다. 내일 출근이 전날 모든 일정을 잡아먹는 직장인은 억지로라도 누워야 한다. 아, 일 가기 싫다. 이불 촉감을 느끼며 발끝부터 어깨까지 느슨하게 몸을 덮었다. 내일도 무사히 살아남자. 근심, 걱정 없이 굴렁쇠를 굴리던 시절을 떠올리며 하는 일도 굴렁쇠처럼 잘 굴러갔으면 좋겠다고 생각했다.

내 생기부는 '이대로만 자라다오'라는 소망에 과연 어떤 답을 하고 있을까? 그대로 자라진 않았지만 얼추 나쁘진 않다고, 먹고살 만하다고, 밥 굶는 걱정 안 할 만큼 돈 있는 건 좀 좋다고. 아니, 사실은 많이 좋다고 말할 것 같다. 피부의 채

도가 떨어진 중년의 내가 과거의 나들을 보면 또 이렇게 말하겠지. 넌 여전히 네 말만 하고 들을 줄은 모르는구나? 그러면 이렇게 답하겠지. 게으른 주제에 어떻게 잘 살아남으셨네요? 다행이지? 어여 자라. 아침에 힘들다. 내일도 무사히 살아남거라.

두발 단속과 교실 민주화

앞에서 스포츠머리가 나온 김에, 머리카락 이야기를 계속해 보고자 한다. 요새 부쩍 탈모로 스트레스를 호소하는 친구가 늘었다. 결혼 적령기인 친구들은 한창 배필을 찾아 나서야 할 때, 도둑처럼 찾아온 탈모에 굉장한 위기의식을 느끼고 있었다. 비늘과 깃 대신 털을 택한 포유류는 외모의 8할이 '털발'인데, 북상하는 이마 라인과 구애 성공확률은 반비례하기 때문이다. 이렇게 생각하면 풍성할 시기가 짧은 잠재적 탈모인에게 학창 시절 두발 규제는 외모 전성기를 빼앗는 정말 너무나도 가혹한 인권침해가 아니었나 싶다.

일주일에 두 번 등교시간에 교문에서 벌어지는 두발 검문은 긴장감 속에서 치러졌다. 교문을 꺾어 건물 입구로 들어설 오르막 어귀쯤에 단소나 몽둥이를 든 선도부장 선생님이 선도부 학생들과 줄지어 기다리고 있다. 선도부장 선생님은 두발 검사를, 주로 젊은 여성 선생님은 치마 길이를 단속한다. 겨울에는 패딩 속에 교복을 입지 않고 등교하는 인원도 적발 대상에 포함된다. 우리는 저 관문을 무사히 통과해야 한다.

적발하는 교사와 통과하려는 학생 사이의 지진한 수싸움. 골목에 잠시 서 있다가 몰려오는 인파에 스며 들어가기, 대놓고 긴 녀석 옆에서 상대적 단정함 효과 누리기, 구레나룻 쪽 머리를 귀 뒤로 넘겨 숱 줄여보기, 오늘 미용실 예약했다고 거짓말하기. 하늘 아래 새로울 것 없는 고전 수법이다. 해를 거듭할수록 잠입하는 쪽이 불리한 기울어진 운동장이다. 적발하는 교사의 자비나 귀찮음이 간혹 요행으로 한번 살려주는 것이지, 결국엔 걸리게 되어 있다.

선도부장 선생님의 눈매는 대체로 정확하고 동작은 절도 있으며 목소리에는 위엄이 있다. 권위라는 것의 힘은 단정한 두발을 가진 학생들도 자기 머리를 한번 재점검하게끔 만들었다. "너", "아니, 거기 너. 숨지 말고." "제일 끝에 너 말이야, 너 나와." 사람마다 양심에 찔리는 기준이 다르다. 이런 검문은 적발되기 전까진 모른 척하고 지나치는 게 순리다. 모른 체하면 운 좋게 넘어갈 확률이 개미 오줌만큼이라도 있지만, 괜히 찔려서 자진납세를 하면 손해 보기 마련이다. 원래라면 걸리지 않을 텐데 스스로 나가는 거니까 진짜 양심적인 바보다. 이런 애들은 곱슬기가 심하거나 숱이 많거나 모발이 두꺼워 지저분해 보이는 것이지 막상 머리가 긴 것도 아니다. 그래도 이해는 간다. 저 목소리를 들으면 있던 배짱도 쪼그라든다.

그렇게 적발된 인원은 좌측 운동장으로 열외, 통과한 인원은 교실로 직행한다. 곧이어 등교시간 마감을 알리는 종이 울린다. 이내 억울한 목소리와 엄한 목소리가 아웅다웅하는 소리가 들린다. 이제는 소명의 시간. 물론 변호사는 없다.

"아니, 파마 안 했다니깐요. 원래 반곱슬이에요!"
"아니, 원래 자연 갈색이에요. 우리 엄마도 그래요!"

정말 억울한 것인지, 억울한 척 강하게 나오는 것인지 모를 아우성이 난무한다. 옆에선 적발 인원에 대한 즉결처분이 시작된다. 엎드려뻗쳐 후 대둔근을 향한 타작질이 찰지다. 교복을 줄일 대로 줄여서인지 더 쫄깃한 소리가 난다. 개중에는 말 한마디 잘못해서 불시 소지품 검사를 자초하는 경우도 있었다. 재수 없는 경우에는 밀수업자처럼 립스틱이나 사전, 필통 등에 숨겨둔 담배가 딱 걸려 매를 얹기도 했다.

물론 딱밤 정도로 관대하게 끝나는 경우도 있었다. 남학생은 좀 더 거칠게 다뤘는데, 두세 차례 긴 머리를 잡힌 누범은 선도부장 선생님이 그냥 바리캉으로 머리 한가운데를 밀어 고속도로를 냈다. 나중에는 앞머리만 한 블록 파먹는 경제성을 발휘하기도 했다. 이 상황까지 오면 사제관계가 최악으로 치닫는 것은 물론 머리칼을 자르지 않고는 못 배긴다.

머리카락은 청소년의 역린이었다. 국사시간에 '단발령' 꼭지가 나오면 공부에 관심을 두지 않은 애들조차 눈빛이 또렷해졌다. 꼭 선생님 들으라는 듯이 그 대목을 힘주어 읽었다. 두발 단속이 부당한 근거를 무려 근현대사 교과서 속 치를 떨 만한 일제의 악행 속에서 찾아냈으니 얼마나 천군만마처럼 느껴졌을까. 전체주의적 신체 통제와 두발 규제가 일맥상통한다는 것을 깨우쳤는지는 모르겠지만, 어찌 됐건 냄새는 비슷하니까 말이다.

머리칼을 둘러싼 사제 간의 토론은 교실 민주주의를 꽃피웠다. 종종 불만에 찬 학생들은 선생님들에게 논쟁으로 도전했다. 불만이 제법 논리정연했다. 모발의 길이 혹은 곱슬기, 색상과 학업성적 간의 논리적 관계에 대해 다양한 시각에서 의문을 제기했다. 논술 세대답다.

[논리학] "머리 긴 거랑 공부랑 무슨 상관이에요?"

[인종론] "노란 머리 백인들은 공부 못해요?"

[종교론] "스님은 공부 잘하고 목사님은 공부 못해요?"

[내로남불론] "선생님은 왜 파마하고 염색해요?"

[행복론] "저는 어차피 나머지반인데, 기분 좋게 머리 기르면 안 돼요?"

선생님들의 주요 단속 논리와 그에 대한 논평도 아울러 소개한다.

[불량학생론] 불량학생들은 주로 장발에 염색머리다.

이는 주로 수학 선생님이 펼치던 논리였다. 비행 청소년들의 외관적 편견을 성급하게 일반화한 것이다. 그러나 불량학생들이 장발이더라도, 장발이면 다 불량학생인가? '명제가 참이라도 명제의 역은 참이 아닐 수 있다'라는 수학의 아주 기본적인 논리에도 반하는 오류였다. 더군다나 전교 1등은 머리가 길어도 간섭하지 않았다. 그것은 모범생의 특권이기도 했다. 규칙은 특출나지 못한 다수를 통제하는 수단이라고 느낄 수밖에 없었다.

[효율저하론] 머리가 길면 관리시간이 늘어나고 외모 관심이 늘어나 공부시간이 줄어든다.

전형적인 '제로섬'의 논리다. 그러나 투자라는 것은 원래 자기파괴적이다. 더 좋은 결과를 거두기 위해서는 과감한 비용지출도 결단할 줄 알아야 한다. 꾸밈을 통해 얻는 자기만족과 건강한 자존감 형성이 학업 스트레스를 상쇄해 노동생산성을 높일 수 있는 가능성은 결코 고려되지 않았다. 꾸미는 시간이 차라리 싸게 먹힐지 모른다. 외모의 결점이 부각된 획일적인 용모가 오히려 외모 콤플렉스를 부추길 수 있다.

[대학자유론] 대학생이 되면 마음껏 길러라.

'대학 가면 이성 친구 생긴다'라는 괴담의 아류 버전으로 판명 났다. 앞서 말했듯이 탈모인에게 특히 가혹한 말이다. 남성의 경우 일반적으로 군복무 2년이 추가된다. 그렇게 보면 중고등 6년을 더해 도합 8년의 두발 비자유 상태로 있어야 한다는 말이다.

지나고 보니 염색해보고 파마하는 것도 한때였다. 어른이 되니 머리 관리하기가 귀찮아 깔끔하게 자르고 다닌다. 세상에서 제일 귀찮은 게 미용실 예약하는 일이다. 제발 미용사가 나에게 말을 안 걸어줬으면 좋겠다. 얌전히 가서 얌전히 자르고만 오고 싶다. 최대한 미용실 방문주기를 늦추려고 일부러 짧게 자르는 경우도 있다.

자유가 시간을 통해 알아서 가르쳐줄 것을 왜 이렇게 얼굴 붉혀가며 다퉜는지 모르겠다. 사실 선생님들이라고 학생들을 잡고 싶어서 그랬을까. 틀린 말인 줄 알면서도 강요해야 하는 직장인의 애환이었을 것이다. 한국 경제는 어느 영역을 막론하고 인력을 쥐어짜서 조직을 운영하는 경향이 있고, 그것엔 교사도 예외가 될 수 없다. 오히려 공무원의 경우는 국민에 대한 봉사를 명목으로 박봉을 주며 마음껏 부려먹는 경우가 허다하다. 학생 관리, 수업 준비, 시험 출제, 행정, 학부모 민원 응대, 학교 행사 기획 등 각종 잡무에 동원되다 보니 심적으로나 체력적으로나 지쳤을 것이고, 학생 통제에 쓸 시간이 모자랐을 것이다. 교사 한 명이 최대한 많은 학생을 통제해야 했으므로 가장 효율 좋은 군대식 통제를 가했을 것이다. 신체에 대한 통제는 그중에서도 아주 손쉬운 방식이었다.

고등학교를 졸업한 지 벌써 10년도 훌쩍 넘었다. 졸업하고 나니 두발 단속이 완화되거나 명목상으로라도 폐기된 곳이 많아졌다. 수많은 학생이 시위하고 교육청에 진정을 넣었어도 꿈쩍 않던 두발 지침은 학생 인권을 주요 공약으로 내걸어 당선된 직선제 교육감들이 들어서자 바뀌었다. 두발 단속에 대한 반발은 교실 속 수많은 논쟁과 학생들의 직접 투쟁과 대의 민주주의를 적절히 활용한 일종의 교실 민주화 운동이 아니었을까. 나 나름의 의의를 평가해본다.

그렇게 긴 머리 청소년들을 보며 세상 많이 좋아졌다 느낄 찰나, 나는 또다시 두발 단속을 목격하고 말았다. 2021년 올림픽 당시 국가대표 양궁 선수의 '쇼트커트' 논란이 일었기 때문이다. 여자 선수가 짧은 머리를 했으므로 페미니스트며, 남성 비하 용어를 썼기 때문에 금메달을 박탈해야 한다는 억지스럽기 그지없는 비난이었다. 금메달과 언어습관이 무슨 관계인지는 둘째치고, 짧은 머리 여성이면 일단 의심부터 하고 보는 세태가 좀스럽고 답답했다.

규율이 엄한 학교의 경우 여학생은 귀밑 3센티미터 이상 기를 수 없었다. 일종의 '여성의 남성화'였다. 억압의 결과로 짧은 머리를 강요받던 여학생들이 자라서 자유를 배웠다. 그 결과, 성적 억압에서 해방되기 위해 쇼트커트를 선택할 수 있는 시대가 왔다. 짧은 머리인 것은 똑같지만, 강요와 선택은 차원이 다르다. 성별에 얽매이지 않고 살아가기 위한 자신의 선택으로 머리칼을 짧게 친 것이 어떻게 같을 수 있을까.

비늘과 깃 대신 털을 택한 포유류는 외모의 8할이 '털발'인데,
이렇게 생각하면 풍성할 때가 짧은 잠재적 탈모인에게 학창시절
사상의 자유가 있는 나라에서 마음이 뒤틀린 자들의
무허가 사이버 두발 단속은 마음에 들지 않는 상대를
어떻게든 홈집 내려는 군중의 트집 잡기,
그러니까 민주주의의 타락이었다.

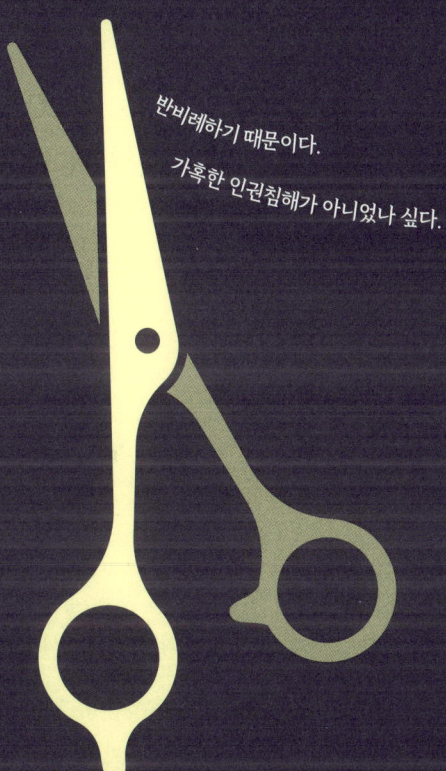

북상하는 이마 라인과 구애 성공확률은

두발 규제는 외모 전성기를 빼앗는 정말 너무나도

반비례하기 때문이다.

가혹한 인권침해가 아니었나 싶다.

사상의 자유가 있는 나라에서 마음이 뒤틀린 자들의 무허가 사이버 두발 단속은 마음에 들지 않는 상대를 어떻게든 흠집 내려는 군중의 트집 잡기, 그러니까 민주주의의 타락이었다.

・・・

이 글을 끝마치려는데, 스스로 생을 마감한 교사들의 비극적인 소식이 줄을 이었다. 이제는 학부모가 선생님들의 품행을 단속하고 사생활을 검열하고 두발까지 단속하는 신기원이 열리고 있다는 보도와 증언들이 빗발쳤다. 교사 친구들에게 물어보니 언론이 보도하는 '갑질'은 대체로 사실이란다.

　선생님이 학생을 체벌하고 그들의 머리칼을 마음대로 잘라버리던 시대는 두말할 나위 없이 야만적이었다. 그러나 요즘처럼 사제지간, 교사와 학부모 사이에 소송이 오가지는 않았다. 신체에 함부로 체벌을 가하더라도, 삶에 나쁜 법적 기록이 남게 하지는 않았던 것은 불문율이었다. 나도 좋아했던 선생님과 원망스러웠던 나쁜 선생님을 골고루 만나보았지만, 변호사를 대동해 소송으로 응징할 생각은 꿈에도 하지 못했다. 교실마저 법률시장의 일부가 되었다는 데서 나는 정말 비릿한 감정을 느꼈다.

   신체를 단속하는 자가 권력을 갖고 있다면, 선생님의 속눈썹과 머리색까지 지적해도 어떠한 제지조차 받지 않는 이들은 갑 중의 갑일 것이다. 갑질은 없어지지 않고 갑질을 행하는 쪽과 받는 쪽이 순번만 기다리며 공수만 교대하고 있다. 교실은 여전히 비민주적이다.

나는 매운 잠을 좋아한다

한 주의 마지막 일정이 끝나고 녹초가 된 몸으로 현관문을 열었다. 적나라한 센서 조명이 30초간 따뜻한 색으로 입구를 비춘다. 현관에는 무성의하게 쌓아둔 택배 상자가 쌓여 진로를 가로막고 있다. 인간의 바쁨을 묘사할 때는 개봉된 상자보다 뜯지 못한 택배 상자가 더욱 효과적일 것이다. 신발장은 장식으로 전락한 지 오래다. 그 대신 입구에 뒤축이 납작해진 채 한 짝씩 뒤집힌 구두들이 나를 맞는다. 비좁은 내 오피스텔은 고밀도의 폐허다.

착잡함에 잠시 멈춰 섰다. '이걸 언제 치우지?' 미개봉 상자들이 출입국 심사를 하는 검문조가 되어 당신의 휴식 자격을 심사한다. '당신은 쉴 자격이 없다!' 이럴 때는 도피가 제격이다. 아수라장 위에 서류가방을 툭 던져놓고 도로 편의점을 향해 걸었다. 좁은 진열장 사이를 조심히 뚫고 세계맥주

네 캔을 집어왔다. 나는 이제 막 라거와 에일을 구분하고, 나만의 취향이 생긴 맥주 초보자다. 좋아하는 맥주와 도전하고 싶은 맥주를 반반 섞어서 봉지 없이 두 손으로 꽉 쥐어 돌아왔다. 물기와 찬기를 느끼며 손이 커서 다행이라고 생각했다.

본디 맥주란 뜨뜻한 물로 개운하게 씻고 머리칼에 온수의 증기와 촉촉함이 남아 있을 때 캔을 따서 마셔야 제맛이다. 두 눈을 질끈 감고 칙 쏘는 탄산 소리와 함께 보글거리는 거품을 상상하며 첫 모금을 깊게 들이켠다. 현실을 잊으려는 목 넘김과 내 시야로 다시 역류하는 저 꾸러미들. 나는 바쁜 와중에도 무엇을 그렇게 분주히 시켜댔을까? 원래 택배를 시키는 기쁨이라는 것이 있어야 하는데, 그 기쁨을 확인할 잠깐의 겨를도 없었다니. 이렇게 나만의 삶 없이 살아도 되는 것일까 하는 의문이 들었지만 슬프진 않았다. 다들 그렇게 살겠지, 뭐.

머리칼에 남은 물기를 수건으로 마저 털며 맥주를 한 모금 더 마셨다. 억지로 힘을 끌어다 쓰는 것인지, 알코올이 결심의 힘을 주는 것인지 모르겠지만, 상자를 뜯고 싶은 충동이 생겼다. '아, 이걸 샀지.' 상자와 포장 비닐을 뜯을 때마다 묻어둔 기억이 되살아난다. 납작하게 포개둔 상자를 내버려둘 수는 없어서 분리수거까지 마쳤다. 밀린 빨래도 돌린다. 분명

건조대가 모자랄 텐데, 일단 한꺼번에 다 돌린다. '몰라!' 빨래는 어떻게든 걸어질 것이고 나는 어떻게든 걸어볼 테니까. 일단 했다는 게 중요하다.

긴장을 좀 풀고 남은 맥주에 안주를 좀 곁들이려니 이젠 젓가락과 접시가 없다. 꼭 이런 날은 뭐 하나 준비되어 있는 게 없다. 그런 게 바쁨이고 게으름이다. 설거지를 시작한다. 거품 낸 세제가 아까워 다 한다. 물기가 남아 있는 깨끗해진 접시를 다시 더럽히기 위해 만두를 전자레인지로 해동해 만찬 준비를 끝마친다. 정말 없는 힘을 쥐어짜서 했더니 몸이 두 배로 노곤하다.

'나중에 보기' 탭에 한가득 쌓아둔 밀린 영상들을 보면서 만두를 먹는데 속이 덜 익어서 차다. 엉덩이의 중력을 이기지 못해서 그냥 먹기로 한다. 오랜만에 느끼는 이 여유가 너무나도 좋기 때문에 속이 찬 만두를 먹어도 상관없다. 어렸을 때는 내가 특별하기를 바랐는데, 지금은 아무래도 좋다. 이런 평온한 저녁을 가질 수 있다면 낮에는 무슨 일이든 할 수 있을 것만 같다. 돋보이고 싶은 욕구보다는 오늘 하루도 무사히 넘어갔다는 안도감에 감사할 따름이다.

그런 나를 두고 언제 잃어버려도 좋을 편의점 검정 우산과 닮았다는 생각을 했다. 주인을 잃고 어느 가게에서 섞여

다른 사람의 착각이나 도벽에 손을 타고 타다 결국 모두의 공유재가 되어버린 무채색 우산의 운명. 그 우산을 싸구려 절도의 피해라 말하지 말지어다. 어떻게 보면 그 우산을 거친 모두에게 쓸모 있는 존재였으니까. 어찌 됐건 내가 쓸모 있었다면 그만이다.

어른이 된다는 것은 남김없이 자신을 실망시키는 과정이라고 생각한다. 그래서 더는 실망할 거리가 남아 있지 않아 '네가 그럼 그렇지' 한마디로도 모든 실책을 스스로 용서할 수 있게 되는 상황이 되는 것이다. 이 세상이 내게 준 시름을 배달음식에 맥주 한 캔으로 손쉽게 달랠 수 있는 저렴해진 고통의 가격. 쉽게 상처받지 않고 쉽게 위로받을 수 있도록 기대를 줄이고 맷집을 기르는 과정이 바로 성숙이다.

적당히 취기가 오른 상태로 베개를 베고 누우면 이 세상이 기분 좋게 빙글빙글 돈다. 그 상태로 휴대폰 화면을 연다. 미처 읽지 못한 대화창에는 친구들 사이에 오간 이야기가 쌓여 있다. 그것을 정독하고, 인스타그램 피드와 유튜브 알고리즘이 소개한 콘텐츠를 보다 보면 어느새 새벽이다. 그래도 이런 날은 그냥 자면 억울하다. 눈코 뜰 새 없이 바쁜 날에 대한 보상은 쓸모없는 일로 시간을 죽이다가 늦게 자는 것이다. 이렇게 늦게 자면 깊이 못 자는 것을 경험으로 알지만, 그 빈둥

거림이 좋다. 침대의 촉감도, 이불에 옮겨간 내 체온의 느낌도 좋다. 어설픈 시간에 어설픈 잠을 자고 일어나면 찌뿌둥한 하루지만, 왜 일찍 자고 일찍 일어나야 하는지 몸으로 알 수 있지만, 그러기 싫다. 깨기 싫은 아침이 있으면 자기 싫은 밤이 있는 것도 당연한 일이니까.

직장인이 되어서 생긴 비극 중 하나는 주말에도 출근시간에 맞춰 꼭 한 번은 깬다는 것이다. 출근시간 자동기상 생체 알람은 주말과 평일을 구분하지 못한다. 잠이 오지 않는 평일과 늦잠을 이어 잘 수 없는 주말 사이에서, 잠이 오지 않는 밤과 잠과 싸워야 하는 낮을 살아간다. 정부의 건전재정이 어렵듯이, 카페인으로 잠을 당겨야 할 때와 미뤄야 할 때를 늘 맞추지 못하는 무능한 나는 카페인의 저주로 한 주를 허우적거리며 무사히 살아남았다.

그래서 방금 나는 최고의 낮잠을 잤다. 일주일치 묵은 피로를 다 씻어내는 단잠이었다. 느지막한 '아점'을 먹고 커피를 마셔도 밀린 피로를 더는 유예할 수 없을 때, 쓰러지듯 대낮에 든 잠이 너무 맛있었다. 피곤하면 코가 매운데, 좋은 잠을 자고 나면 코에서 맵고 알싸한 숨이 빠져나오면서 팽팽했던 뒷골이 느슨하게 풀리는 기분이 든다. 마치 누적된 피로와 독소를 숨에 섞어서 매연처럼 배출하는 느낌이랄까. 나는 매운 잠을 좋아한다.

그렇게 포근한 침대에서 내뱉은 내 숨이 맨살에 간지럽게 닿아가며 느껴지는 맛있는 심호흡을 몇 번이고 되풀이하다 보면 나른한 잠에서 깨어난다. 머리의 압력을 빼는 몇 번의 하품을 한다. 기지개를 켤 수 있다면, 기지개도 조심해야 한다. 시원함을 만끽하다 너무 늘려대면 근육이 배겨 아프니까. 이를 앙다물고 목에서 두두둑 뼈가 맞춰지는 소리를 들으며 기지개를 켠 순간, 나도 모르게 내뱉었다. "일요일엔 잠을 자야 어른이지."

잠으로만 보내는 주말이 더는 억울하지 않을 때, 나는 비로소 내가 직장인이 되었음을 실감한다. 벌써 일요일 저녁이다. 온종일 잠만 잤는데 또 잘 시간이다. 마무리로 축구를 보며 맥주를 한 캔 마셔야겠다. 오늘도 손흥민이 골을 넣어줬으면 좋겠다.

수학이 내게 가르쳐준 것들

문과 남자가 뜬금없이 무슨 수학 이야기냐고 물으면 수학 점수 자랑 이야기는 아니니 조금 기다려보라고 답하겠다. 수학이라는 놈을 생의 첫 숙적으로 마주하면서 수학을 미워하고 사랑하며 사춘기의 한복판을 가로지를 때의 이야기다. 수학을 잊고 사는 지금도 종종 나는 수학이 내게 가르쳐준 것들을 떠올린다. 내 인생의 불꽃 같던 시기에 대해 쓸 수 있다면 미적분과 삼각함수가 내게 다시 찾아와도 좋다.

중학교에 입학하던 겨울, 아버지가 빙판길에서 스쿠터를 타다 미끄러지는 사고를 당했다. 한쪽 다리의 신경이 끊어져 더는 뛸 수 없는 몸이 되었다. 보조기를 차고 재활훈련을 한다면 걸을 수는 있다는 것이 작은 위안이었다. 막 불혹이 되었던 이 남자에게 신경의 손상은 너무 일찍 찾아온 좌절이자 미래의 불꽃이 사그라드는 기분이었을 것이라 추정한다.

엄마는 생계를 책임졌다. 다행히 나는 초등학교 졸업과 중학교 입학까지 꽤 시간이 남았다. 그날로 매일같이 부천역 앞에 있는 한 종합병원으로 가서 아버지 병 수발을 들었다. 밥을 나르고, 온수에 수건을 적셔 대강 씻기고, 오줌통을 비우고, 간혹 똥오줌을 받아 버렸다. 그때까지는 아버지에 대한 존경과 애정이 남아 있을 때라 군말없이 했다. 더럽고 역하다는 생각이 들진 않았다. 가족에게 찾아온 비극에 무능력하고 어렸던 내가 뭐라도 도움이 되고 싶은 마음이 컸으니까.

병 수발을 들지 않는 시간에는 중학교 과정을 홀로 예습했다. 내게 중학교 수학은 독학으로 하기엔 너무 버거웠다. 당시 참고서는 말이 짧았다. 설명과 과정을 생략한 채 축약된 수식과 공식을 늘어놓았다. x, y, z 알파벳과 공집합기호($\emptyset$), 방정식과 함수 그래프 같은 괴상한 것들이 섞여 나오니 미칠 것 같았다. 지레 겁부터 먹으니 진득하게 들여다볼 용기가 도무지 생기지 않았다. 자꾸만 공부가 막혀서 눈물이 나고 목이 메었다.

병상에서 어느 정도 기력을 찾은 아버지가 수학을 가르쳐 주겠다고 했다. 내키지 않았다. 못 알아들으면 때릴 것이 분명했기 때문이다. 예상대로였다. 그 역시 공부를 잘한 사람은 아니었고, 나는 수학적 이해력이 부족했다. 그때마다 무지막

지하게 주먹으로 얻어맞았다. 회진하는 의사와 간호사를 비롯해 6인실 다른 환자들이 애 좀 그만 패라고 말릴 정도였으니까 말이다.

강하지 않은 이가 무너짐을 숨기고자 강한 척을 해야만 할 때, 폭력은 손쉬운 선택지가 된다. 병상에서 뭐라도 해야겠다는 강박적 마음이 자식 교육이라는 허울 좋은 명분을 만난 것이다. 그렇게 내 하루는 병원으로 가서 아버지의 대소변을 치우고 수학문제를 풀다 얻어맞고 울면서 집에 돌아가는 날로 요약되었다. 나는 수학이 싫었다.

중학교 첫 수학 시험지에서는 비가 내렸다. 호우도 가랑비도 아닌 수준이었다. 하루는 수학 교과를 맡았던 20대 젊은 담임 선생님과 아버지가 통화하는 것을 엿듣게 되었다. 아무래도 집에서 학교로 전화를 한 모양인데, 아버지가 내 낮은 수학 점수를 문제 삼은 것이다. 아버지는 젊은 여성 앞에선 목소리가 커지는 남자였다. 통화가 길어질수록 부끄러워 얼굴을 들 수 없었다.

그러다 선생님이 건넨 위로의 말이 트집잡혔다. 경쟁 친구들이 과외와 학원 등 사교육을 받을 때 독학으로 첫 시험에 이 정도면 못하는 게 아니라는 말이 잘못됐다는 것이다. 사교육은 어쩌지 못한다는 게 공교육 교사가 할 말이냐며 아버지가 언성을 높였다. 죄송하다, 분발하겠다는 선생님의 말이 수화기 너머로 들려왔다. 그때 선생님의 나이가 지금의 나보다 어리거나 나와 비슷한 연차였을 텐데 말할 수 없이 죄송했다.

'내가 수학을 잘했다면 이런 일이 없었을 텐데.' 내 낮은 점수에 대해 자책할수록 담임 선생님 얼굴을 보기가 무척 미안했다. 그러나 중학교 1학년의 나는 미안함을 미안하다는 말로 표현하지 못하는 옹졸한 아이였다. 그 대신 선생님이 나를 마음껏 싫어할 수 있게 일부러 미운 짓을 골라 하는 쪽을 택했다. '언젠간 나를 포기하고 외면하겠지.'

그렇게 나는 수학을 혐오하는 채로 사춘기를 맞았다. 수학이 싫어서 수학 선생님이 미웠다. 나는 괜스레 반항했다. 아니꼬운 마음을 일부러 키워 선생님께 시비를 걸었다. 셈만 할 줄 알면 되지 수학 배워서 뭐에 써먹을 수 있냐고 따져 묻고, 선생님 답변이 시원치 않으면 그걸 꼬투리 잡았다. 이해가 가는 부분도 공연히 속 터지게 하려고 더 뻗대며 모른다고 했다. 그러다 보니 나중에는 정말로 하나도 모르게 되었다. 그렇게까지 망가질 셈은 아니었는데, 나는 급속도로 수포자(수학을 포기한 사람) 대열에 합류했다.

그러다 중학교 2학년 때 한 젊은 수학 선생님을 만났다.

그런데 이 선생님은 내가 막돼먹게 굴기에는 너무나 선한 분이었다. 태어나서 이렇게 착한 사람을 본 적이 없다. 내가 아무리 모나게 말해도 환하게 웃으며 좋은 말로 돌려주고 잘해보자고 독려했다. 차라리 화를 내고 매를 들었으면 좋겠다는 마음이 들었다. 너무 미안했고 죄책감이 몰려왔다. 이렇게 살면 안 되겠다는 생각이 번뜩 스쳤다.

선생님을 더는 실망시키고 싶지 않았다. 사춘기의 알량한 자존심 따위는 내려놓았다. 종례를 마치고 교무실로 찾아가 선생님께 솔직하게 속마음을 털어놓았다. 수학을 잘하고 싶다고, 앞으로 반항하지 않겠다고, 허락해주신다면 교무실 옆에 책상을 붙여놓고 매일 수학 공부를 하다 가겠다고, 좀 귀찮고 번거롭게 해도 괜찮으시겠냐고 부탁드렸다. 선생님께서는 기특하다는 듯이 흔쾌히 곁을 내주셨다.

그 뒤 매일 선생님이 퇴근할 때까지 옆에 책상을 붙이고 나머지 공부를 시작했다. 그런데 기초가 너무 부족했다. 그때가 2학기 시작쯤이었으니, 총 3학기가 뒤처진 것이다. 나는 기초공사부터 새로 시작하기로 했다. 중1 교과서부터 무작정 달달 외웠다. 유심히 보기 전까지는 몰랐는데, 교과서는 정말 짜임새 있게 잘 만들어진 책이었다. 개념 서술과 증명과정이 훌륭했고, 예제와 응용까지 자연스레 흘러가는 문제의 구성과 품질이 좋았다. 교과서만큼 목표가 뚜렷한 책이 없는데, 무료로 주니 책의 품질을 너무 가볍게 봤던 것이다.

조금 기초체력이 붙고 진도를 따라잡자 선생님께서 문제집 한 권을 선물로 주셨다. 『황제수학』이라는 이름이었는데, 1,000문제쯤 수록된 소위 '문제은행' 형식의 문제집이었다. 차근차근 풀어나갔다. 같은 유형의 문제를 정복하고, 아는 유형들을 늘려나갔다. 문제풀이에 속도가 붙자 재밌어졌다. 푼다는 말로는 부족하고 풀어재낀다고 말해야 옳았다. 풀어낸 문제의 양이 많아지자 문제에 접근하는 직관이 쌓였다. 문제의 서술에서 풀이의 단서들이 눈에 들어오기 시작했다.

질문의 수준이 높아진 게 가장 큰 변화였다. 예전에는 다짜고짜 풀이법을 질문했다. 그런데 실력이 쌓이니 내 사고의 전개과정을 선생님께 꺼내 보일 수 있었다. 발상과 착안점은 무엇이었는지, 어디까지 풀어내고 어디서 막혔는지 구체적으로 질문하기 시작했다. 선생님께서는 끊임 없는 질문 세례에 귀찮을 법도 하고, 하던 일의 흐름이 끊겨서 짜증 날 법도 한데, 단 한 번도 싫은 내색 없이 내 질문을 받아주셨다. 나는 수학 선생님이 인간적으로 좋았고, 그러자 수학이 좋아졌다. 더 쉽고 기발한 풀이법을 찾는 재미, 궁리하다가 막힌 곳이 뚫리는 쾌감, 머리를 깊게 굴려야만 얻을 수 있는 지적인 희

열을 알게 되었다.

덩달아 나의 풀이는 짧아졌다. 수학이 나에게 가르쳐준 것은 증명의 간결함이다. 수학은 인간으로 하여금 최단 논리 구성을 끊임없이 훈련시킨다. 나는 이제 역으로 나를 애먹였던 말 짧은 참고서들을 이해하게 되었다. 왜 그토록 짧게 요약만 적어놨는지 말이다. 빈 종이에 수학 과목 전 단원의 개념과 공식을 막힘없이 적어낼 수 있게 되었을 때, 나는 진심으로 선생님께 감사했다. 사람 만들어주셔서 감사합니다!

삐딱한 마음을 고쳐먹고 열심히 해서 수포자에서 탈출한 이야기는 여기까지인데, 막상 '수학 배워서 뭐에 써먹는데요?'를 깨닫게 된 건 직장인이 되어서다. 문제제기와 설득을 위해 숫자와 그래프가 범벅된 자료를 보며, 그 수치들이 의미하는 바와 데이터의 추세들을 해석하면서 비로소 느꼈다. 아, 사람을 설득할 때 가장 간결하고 명확한 방식은 언어가 아닌 숫자구나. 딱 떨어지니까. 사회 통계, 시험 점수, 건강 검진을 비롯해 숫자엔 설득의 힘이 있다. 한마디로 수학은 숫자로 쓰인 인류 공용어다. 숫자와 친해지면 그만큼 설득의 범위가 넓어진다. 그러니까 나는 설득의 언어를 배운 것이었다.

사고방식에도 많은 영향을 준 것 같다. 일단 뭐든 꼼꼼히 읽는 버릇이 생겼다. 문제의 지문을 잘 읽어보면 출제자가 문장에 숨겨둔 조건들이 있다. 그 조건들을 잘 발굴하는 게 첫 단계다. 문제 해결의 열쇠는 사실 가까운 곳에서 기다리고 있다는 것이 수학의 조언이다. 그다음은 문제에 적힌 상황과 어울리는 수학적 개념이 무엇인지 적절히 포착하는 것이다. 수학적 개념과 공식은 일종의 공구다. 문제에 어울리는 수학적 도구만 찾으면 나머지는 정리에 불과하다. 도구로 가공된 재료를 조립하면 완성이다. 장인은 마감이 깔끔한 법, 사고와 논리가 정확할수록 말은 짧아진다는 것을 알려준다.

조건 파악, 개념 적용, 수식 정리를 통해 결론을 도출해내는 이 논리 구조가 내게는 익숙하다. 삶의 곳곳에 크고 작은 문제가 닥쳐올 때, 나는 호흡을 천천히 가다듬고 주변 상황, 나의 위치, 필요한 정보들을 파악하고 조립하고 다듬어 해결책을 강구한다. 이 습관이 사실은 '수학의 세례'였다는 것을 입시가 필요 없어지고 나서야 알게 되었다. 이게 문과 출신이 수학을 이야기하는 방식이다.

・・・

주관식 문제를 찍을 때면 나는 늘 1을 고집했다. 1은 침범당하지 않는 숫자다. 자기 자신을 곱하거나 나누더라도 모두 1,

변하지 않는다. 이 숫자 1을 보고 피타고라스는 신의 숫자라면서 칭송했고, 플라톤은 이데아를 떠올렸으며, 기독교인들은 하나님을 영접했다는데, 나는 숫자 1의 한결같음에서 '나다움'을 떠올린다. 나는 나 자신의 근거이자 나 자신의 결과다. 인생이라는 난제를 나답게 풀어나가라는 어떤 계시로 받아들여야겠다. 수학 배워서 어디에 써먹느냐고? 글쎄, 나는 일단 나답게 살자는 글을 멋 부리며 쓰는 데 썼다.

달리기는 인간의 광합성

그저 미용실에 갔을 뿐인데, 살이 쪘다는 것을 인정하지 않을 수 없었다. 미용실만큼 체중 변화를 실감하기 좋은 곳이 또 없다. 밝은 조명과 큼직한 거울, 내 목을 사정없이 조이는 탁한 자줏빛 가운. 또렷한 경계선이 그어진 목 위로 볼살과 턱살이 비집고 나와 적나라한 존재감을 과시한다. 체중계도 납득시키지 못한 일을 미용실 가운은 단박에 수긍토록 한다. 왜 인간은 바쁘면 살이 찌는가.

돌이켜보면 지나간 연인들과 헤어질 무렵은 늘 겨울이었고, 살이 쪄 있었다. 살이 오르면 보기 좋거나 더 귀여워지는 사람도 있지만, 넓고 각진 얼굴에는 쥐약이다. 특히 나는 갑자기 살이 찌면 외모부터 건강까지 심각하게 망가진다. 무릎 연골부터 하루 컨디션, 수면의 질까지, 그리고 사람을 대하는 태도와 스트레스를 참는 내성까지. 자도 자도 찌뿌둥함이 가

시지 않고, 가짜 배고픔과 혈당 스파이크 사이에서 짜증만 잦아지고 인내심이 줄어든다. 운동을 하는 이유 중 하나는 덜 나쁜 사람이 되기 위해서, 상대에게 친절한 척 기분을 잘 숨기기 위해서도 크다. 체력이 곧 가면의 두께니까.

축구는 사랑했지만 달리기를 좋아한 적은 없었다. 나는 매번 새롭고 서사가 있는 운동을 좋아한다. 축구나 풋살은 매번 색다르다. 매번 붙는 상대가 다르고, 누가 골을 넣고 도움을 기록하는지, 어떤 활약과 실책을 했는지에 따라 결과가 판이하다. 간혹 객관적으로 전력이 더 나은 팀을 그날의 기세로 이겨낼 때, 혹은 역전승을 거둘 때의 짜릿함과 같은 역동감이 정말 좋다.

반면, 나는 단순반복에 취약하다. 그래서 맨몸운동이나 근력운동, 단순히 운동장 몇 바퀴를 도는 운동은 지루해서 못 견디는 타입이다. 언젠가 헬스인들에게 '헬스에는 서사가 없다'는 위의 지론을 펼쳤더니, 친구가 대뜸 "왜 헬스에 서사가 없어? 3대 200 치던 걸 300 치고, 삼두가 갈라지고, 그게 다 대하소설 같은 이야기지"라고 대꾸했다. 즉각 내 생각이 짧았노라 인정하고 견해를 수정했다. 아무튼 나는 느린 이야기를 싫어한다.

오래전부터 나는 순발력에 비해 지구력은 약하다고 생각

해왔다. 측면을 종횡무진 헤집는 축구와 달리, 오래달리기를 하면 늘 남들보다 빨리 지쳤다. 오래 뛰면 목이 굳고 어깨가 결려서 며칠을 고생했다. 겨울철에는 차갑고 건조한 공기를 바쁘게 들이쉬면 목구멍에서 피맛이 나고, 악건성 피부가 칼바람에 터져서 피부가 튼다. 사실 호흡과 체력보다 집중력 관리가 더 걸림돌이다. 자꾸만 딴 생각이 들어 휴대폰을 만지고 싶어진다. 웬만한 의지력으로는 오래 뛸 수 없다. 그래서 뛰다 걷다를 반복하다 보면 효율이 떨어져 그냥 때려치우고 싶은 것이다.

'대한민국 육군 특급전사'가 확실한 동기부여가 되었다. 포상휴가는 야간 근무로 피곤한 군인도 뛰게 만든다. 코로나 군번이라 자는 시간을 제외하면 하루 종일 마스크를 써야 했다. 운동시간에만 마스크의 굴레에서 벗어날 수 있었는데, 그 해방감이 정말 말도 못 한다. 날이 갈수록 군살이 덜어지고 탄력은 더해가는 몸의 정직한 변화, 그 변화를 관찰하는 매력에서 헤어나오지 못하게 되었다. 구령에 맞춰 함께 뛰는 재미도 이때 처음 느꼈다. 어깨를 말고 거북목으로 땅을 보는 나쁜 자세를 작전장교의 도움을 받아 교정했다. 특훈의 결과, 체력검정 당일에 무려 1분 40초를 단축해 특급전사가 되었다.

그때가 딱 서른이었다. 취미는 장비발이라는 것을 아는

나이. 바로 비싼 러닝화부터 질렀다. 허벅지로 땅을 밀어올리는 반발력과 신발의 쿠션감을 즐기며 뛰는 맛 하나를 확실하게 챙겨 사회로 돌아왔다. 그 뒤로 달리기는 내 삶의 중요한 일부가 되었다. 꾸준히 뛰고 장소를 바꿔가며 다채롭게 뛴다. 목표 거리마다 코스를 개발해가며 뛰면 나를 따라오는 풍경이 지루하지 않다. 본가에 갈 때도 러닝화와 운동복은 꼭 챙긴다. 쫀쫀한 무릎 보호대도 필수다.

월급을 받을 때마다 무릎을 주저앉히는 비싼 월세를 주고 무리해서 강변 20분 거리에 살게 되었다. 이 월세를 보상받는 유일한 방법은 강변을 품 안에 넣고 이 악물고 달리는 것이다. 나는 태어나 딱 두 번 강변 근처에서 살아봤다. 한 번은 대학 시절 부산 하단의 을숙도 근처 낙동강변이고, 지금은 한강변이다. 낙동강은 세로로 흐르고 한강은 가로로 흐른다. 낙동강변을 뛰면 거슬러 올라가는 느낌이 들고, 한강변을 달리면 파고드는 기분이 든다.

풍경을 바라보면서 뛰는 것을 좋아한다. 강물 비린내를 맡으면 힘이 난다. 부산 살 때는 낙동강의 종점인 하굿둑이 다닥다닥 붙어 있는 풍경을 바라보면서 뛰는 것을 좋아했다. 한강변을 달릴 때는 역시 여의도 방향보다 선유도 방향이 좋다. 이쪽으로 달리면 강물이 나에게 점점 다가오고 차오르면서 깊어지는 것을 보며 뛸 수 있어 눈이 아주 즐겁다. 또 길이 한적해서 흐름이 엉키지 않는다. 여의도 방향은 강변과 내가 점점 멀어질뿐더러 사람이 바글바글해서 꾸준한 속도로 뛰기 어렵다.

그래도 같은 풍경이 지루하거나 완주를 못 할 것 같은 예감이 들 때면 쉬엄쉬엄 뛰려고 63빌딩을 좇으며 달린다. 그러다 물빛광장에 털썩 앉아 양말을 벗어 신발에 꽂아두고는 달아오른 발바닥을 물에 푹 담가 차가운 물살을 즐기며 식혀주는 것을 좋아한다. 마치 수력 발전으로 내 몸을 재충전하는 것 같다. 젖은 발을 바람에 말리면서 여름밤을 즐기다 보면 내가 5월 하순에 태어난 여름의 아이인 이유를 깨닫게 된다. 보충한 에너지로 집까지 다시 열심히 뛰어간다.

뛰는 게 좋아지니까 일기예보를 자주 보게 되었다. 비가 오거나 미세먼지가 심해서 하는 수 없이 헬스장으로 걸어 들어갈 때는 내 기분도 뿌옇다. 열대야가 심한 날엔 습기를 가득 머금은 공기가 숨을 조여오는 것만 같다. 햇볕에 타죽지 않기 위해 야간에 뛰기를 택했는데도 뜨거운 기온에 살이 벌겋게 익어버린다. 그래도 땀을 흠뻑 흘려 젖은 옷이 탄력 오른 몸에 달라붙는 그 느낌을 즐기면서 완주의 기쁨을 확인하는 재미가 있다.

뛰다 보면 사계절의 축복이 주는 다채로움을 알게 된다. 장마철 우중 달리기나 이른 아침의 달리기도 좋지만, 그중에서도 가장 뛰기 좋은 짧은 가을을 놓치고 싶지 않다. 그러나 대한민국은 항상 가장 좋은 날에 가장 바쁘다. 바쁜 일을 끝내놓고 자정이 다 되어도 뛰러 나간다. 그러면 낮에 무리하게 쌓였던 카페인이 모조리 소모되는 느낌이다. 살짝 쌀쌀한 듯 싶다가 뜨겁게 달아올랐다 금세 시원하게 식는 이 가을을 나는 사랑한다. 가을밤에 달린 날은 특히 잠이 잘 온다.

1킬로미터도 죽겠던 때가 엊그제 같은데, 어느새 3킬로미터, 5킬로미터도 아무렇지 않게 거뜬히 소화하는 내 모습을 보면 만족스럽다. 오히려 힘이 남는다. 헬스를 하던 친구들의 대하서사가 이런 거구나. 다시 한 번 내 짧은 생각을 반성하면서 공원을 돈다. 그러다 버거워질 즈음에 호흡이 바닥까지 차오르면 어떤 버튼이 눌리는 순간이 있다. 갑자기 숨통이 트이고 호흡이 터지면서 몸이 어디선가 숨겨둔 힘을 대방출하는 그런 느낌이 든다. 그 비상 활력 버튼이 눌리면 초과회복의 개운함이 느껴진다. 그 버튼이 눌릴 때까지 뛰게 된다. 이게 중독이다.

땀에 절어 발그레해진 볼을 하고 터벅터벅 걸어오는 길이면, 마치 내 발자국이 이 분주한 도시에 발 도장을 남기는 듯한 기분이 든다. 줄지어 있는 가로등을 따라 밤길을 달리는 자동차들의 소리가 낮게 깔리며 바람 소리가 늘어지듯 갈라진다. 나의 달리기와 발자국도 이 도시의 야경이 되어주기를 바라는 마음이다. 뒷심이 부족한 손놀림으로 현관문을 열고, 데워진 신발의 뒤축을 벗긴다. 컵 표면에 물방울이 송골송골 맺힐 정도로 시원한 물을 한 컵 가득 마시고 나면 온몸이 달래진다. 그 목 넘김의 박자가 짧고 리듬감이 있어서 참 좋다.

샤워기에서 쏟아져 내리는 물줄기에는 홀가분함이 담겨 있다. 머리칼을 말리고 침대에 잠기듯이 누우면 그 개운함은 말할 수 없이 달콤하다. 지친 근육의 노곤함을 즐기면서 이완의 한숨을 깊게 내쉴 때마다 달리기로 가빠진 호흡을 통째로 보상받는 기분이다. 다음 날 뭉친 근육을 폼 롤러로 풀어주면 고통과 쾌락이 뒤섞인 비명이 절로 나온다. 뭉친 근육이 풀어지면서 서서히 온몸에 피가 도는 느낌이 정말 좋다. 굳이 달리기가 취미가 될 때의 단점을 하나만 꼽자면 빨래를 자주하게 된다는 것 정도라고 할까?

육체적으로 달리는 것은 땀에 젖는 일인데, 쉬는 것은 땀을 말리는 일이다. 그러나 마음에 있어서는 다르다. 우울감에 마음이 젖을 때는 뛰어서 말려줘야 한다. 스트레스로 마음이 푸석해질 때는 땀으로 씻겨줘야 한다. 생각의 습기에 머무는

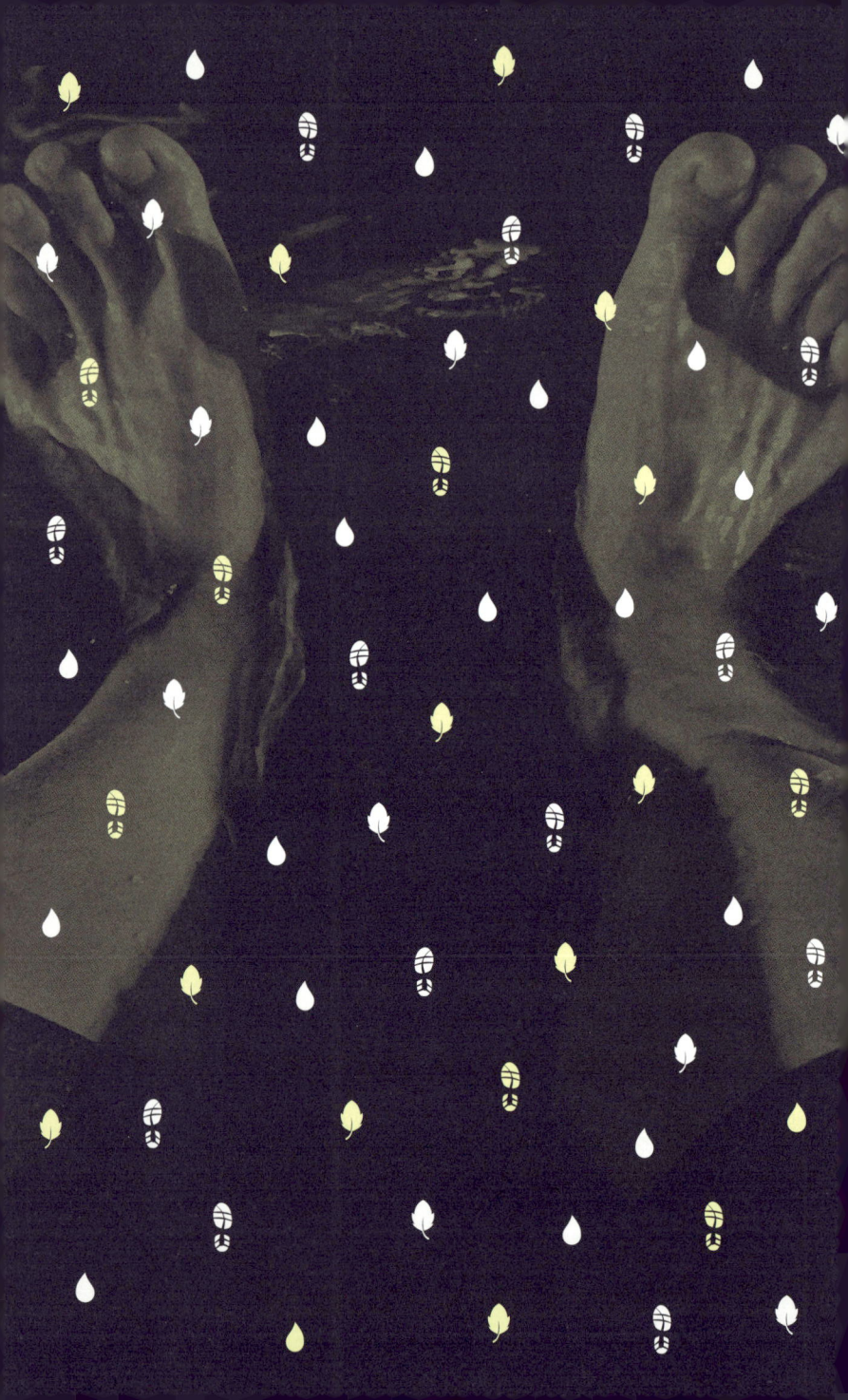

우울의 곰팡이와 부정적 감정에 생기를 잃어가는 그늘진 내면에는 광합성이 필요하다. 달리기야말로 인간의 광합성이다.

    나는 생각이 많아 마음이 복잡할 때면 무작정 뛰러 나간다. 취업을 준비할 때는 스멀스멀 몰려오는 걱정과 불안을 덜어내려고 달렸고, 연인과 이별했을 때는 함께한 시간이 차지하던 무게의 슬픔을 잊으려고 뛰었으며, 새로운 인연을 만나 탐색을 할 때는 상대의 몸짓과 이야기를 해석하면서 달렸고, 직장에 다니면서는 업무 스트레스와 대인 스트레스를 잊으려고 뛰었다.

    꼬리에 꼬리를 무는 생각을 뒤쫓다 보면 때론 숨 차는 것조차 잊게 된다. 반면 몸이 특히 무겁게 느껴지는 날에는 몸의 힘듦에만 집중하면서 어떠한 생각도 할 수 없는데, 그 비움의 맛이 일품이다. 순간 차오르는 탄산 거품과 같은 즉각적인 재미도 좋지만, 때로는 달리기처럼 자신의 한계를 넘나들면서 수고스럽게 얻어가는 즐거움이란 게 있다. 나는 적절한 자극으로 내 몸을 관리하는 이 정직한 느낌을 사랑한다. 내 의식을 앗아가려 호시탐탐 노려대는 각종 짧은 콘텐츠들의 현혹에서 나를 지키는 원초적인 방법이기도 하다. 이족보행을 하는 인간이 자신의 육체로 가장 빨라지는 주체적인 방식으로, 오늘도 나는 머리칼을 땀으로 적시며 신나게 달린다.

엄마의 퇴직 기념 케이크

내 첫 아르바이트는 야간 편의점이었다. 수능을 보기 좋게 말아먹고, 한껏 풀어진 학교에서 시간만 죽이는 게 아까웠다. 운전면허를 따기엔 돈이 없었고, 학교 담장 밖 세계는 아직 두려웠다. 또래 친구들은 별생각 없이 아르바이트 구인전화를 돌렸다. '안 되면 말고'로 일단 부딪혀보는 당찬 해맑음이 부러웠다.

모범생병에 걸렸던 나는 내가 인정받지 못하는 세계에서 괜히 세상물정 모르는 티가 날까 봐 겁을 먹었다. 구인공고를 트집 잡으며 외면했고, 괜찮다 싶은 곳에 전화 걸기를 망설였으며, 사장이 바빠서 전화를 받지 않기만을 바라며 통화연결음을 흘려보냈다. 어쩌다 통화가 시작되면 차라리 이미 사람 구했다는 거절을 듣기를 바랐다.

시험에 실패하고 아르바이트 하나 못 구하냐면서 한동안

자책하다가 결국 친구의 도움을 받았다. 제일 먼저 아르바이트를 구했던 친구가 자기 후임으로 이름 없는 개인 편의점에 나를 꽂아주었다. 이력서라는 것을 처음 쓰는데 손이 떨려 자꾸만 글씨가 못나졌다. 손글씨가 어렸다.

평일 자정부터 월, 수, 금 3일은 오전 7시, 물류가 들어오는 화, 목 이틀은 오전 9시 퇴근. 도합 일주일에 39시간을 일했다. 최저시급이 4,320원일 때 내 시급은 100원 단위를 버림 처리한 4,000원이었다. 문제 삼지 않았다. 전화 하나 못 거는 인간에게 돈을 준다는데, 그게 어딘가.

어린 마음에 한 달 60만 원 남짓한 아르바이트비는 정말 큰돈이었다. 당시 내 용돈이 한 달에 3만 원이었으니까 20배나 늘어난 것이다. 식대는 하루 3,000원치를 편의점 안에서 사먹을 수 있었다. 유통기한 지난 삼각김밥 같은 폐기 예정 상품도 먹을 수 있었다. 비싼 요거트가 나온 날이면 너무 행복했다. 휘황찬란한 담배 이름을 대충 흘겨 말해도 척하고 알아듣고, 단골손님의 담배 취향까지 외울 정도가 되니까 그 나름대로 재미도 있었다. 마감 때 돈 계산이 딱 맞아떨어지는 '퍼펙트데이'를 연이어 경신하며 뻑뻑한 눈으로 퇴근해 뿌듯하게 잠에 들었다. 낮밤이 바뀐 터라 일어나도 개운치 않았지만, 돈을 번다는 사실 자체가 좋았다.

보름 남짓 일했던 첫 달 급여는 31만 원가량이었다. 첫 알바 이야기를 왜 이렇게 길게 하냐면, 첫 월급으로 엄마에게 겨울 외투를 사드렸기 때문이다. 아직도 나는 엄마 따라 장보러 가는 일을 좋아한다. 엄마가 노점에서 닭꼬치와 닭강정을 사주기 때문이다. 어느 날 엄마는 시장 옷가게 마네킹에 전시된, 등과 배에 토끼털이 달린 점퍼에 시선을 빼앗겼다(엄마는 털 달린 외투를 유독 좋아한다. 이유는 모르겠지만).

그날부터 엄마가 토끼털을 노래하기에 첫 월급을 받자마자 고스란히 옷 가격만큼 돈을 건넸다. 내가 엄마에게 제대로 한 첫 선물이었다. 태어나 잘한 일 중 다섯손가락 안에 드는 일이다. 참고로 내가 엄마 생일에 건넨 최악의 선물은 서점에서 오츠 슈이치라는 일본인이 쓴 『죽을 때 후회하는 스물다섯 가지』라는 책이었다. "죽으라는 거야?" 그때 엄마의 얼떨떨해하는 표정을 아직도 기억한다. 엄마, 미안!

아무튼 엄마는 살아오면서 무수히 많은 이력서를 쓰고 다양한 업종을 거치며 일을 했다. 그러나 당시 나에게는 오로지 편의점이 처음이었고, 그 처음을 선물하며 나를 대견하게 봐주길 바라는 마음이 컸다. 때론 오만하기도 했다. 스스로 돈을 벌기 시작하자 밑 닦는 휴지 많이 쓴다고 야단 맞는 식의 절약이라는 놈 얼굴이 지겨워서 반발심이 생긴 적도 있었다.

"내가 벌어 내가 쓰겠다는데 무슨 상관이야, 좀! 뭘 주고 말하던가." 평생 일해온 사람 앞에서 이제 처음 일을 시작한 어린 아들이 알량한 인정을 받으려 한 셈이다.

그러나 편의점에서 지새웠던 기나긴 밤이 시작이었다. 그 후로도 여러 아르바이트를 하면서 스스로 생계를 해결했다. 그러다 보니 언젠가부터 당연한 줄만 알았던 엄마의 노동이 달리 보이기 시작한 것만은 확실하다. 특히 유별나게 거칠고 두꺼운 엄마의 손이 신경 쓰였다. 나도 손이 큰 편인데 나보다도 손이 두꺼운 엄마가 처음부터 거친 손으로 태어난 것이 아님을 그 시절 처음으로 자각했던 것 같다. 억센 삶의 두께였다.

사실 나는 엄마가 거쳐온 노동의 역사를 전부 알지는 못한다. 엄마는 오랫동안 다양한 곳에서 서로 다른 일을 했지만, 이력 간에 연관성이 없어 직업적 경력이 쌓이지 않았다. 정부의 최저임금 인상이 곧 임금협상이었고 계약기간의 종료가 곧 직종과의 이별인 일들을 전전했다. 이러한 비정규직들은 잠깐 법의 테두리 안에 있다가, 대체로 법의 바깥으로 나가는 경우가 대다수였다. 공장노동이란 그런 것이다.

엄마는 어려서부터 섬마을 8남매의 장녀라는 숙명을 안고 바닷일을 하며 자주 아팠다고 했다. 대학 진학은 꿈조차

꾸지 못하고 일찌감치 부산으로 떠나 방직공장과 신발공장을 다니면서 조용필을 따라다니는 공순이였고, 결혼하고 아이를 가져서도 현장에 나가 도배를 했다고 한다. 주부 시절에도 부업을 받아와 틈틈이 가사노동 사이에 하다가 아예 맞벌이의 대열에서 분투하던 모습이 아직도 생생하다. 아직 경제력이 없는 두 아이를 혼자 책임지게 되었을 때는 주로 조립하는 일을 했다. LED 조명이나 저항(전기회로에 들어가는 부품)을 조립하고, 실리콘 고무를 검사했다.

초등학생 때는 종종 엄마가 다니는 공장에서 놀았다. 내 친구들이 많이 다니는 학원의 지하에 있었다. 학교가 끝나면 친구들은 학원으로 올라갔고 나는 내려가 공장 오른쪽 제일 끝자리에서 분주하게 수출 차량용 종이 포장지를 붙이는 엄마 옆에서 쫑알거렸다. 학교에서 무슨 일이 있었고 무엇을 배웠는지 줄줄이 읊어대는 1인용 라디오 방송이었다. 주변에서 그 모습이 보기 좋다고 먹을 것을 주거나 '까까 사먹으라'며 종종 용돈도 주었다. 엄마가 야근을 하는 날이면 회사에서 전화가 왔다. 치킨 시켜줄 테니까 뭐 먹을지 알려달라는 내용이었다. "양념치킨이요!" 직장인이 된 지금 생각해보면 엄마가 정말 착실하고 책임감 있게 일하는 직원으로 동료들의 신뢰를 많이 받았다는 사실을 깨닫는다.

그러다 오십 줄에 접어든 엄마는 공장의 세계에서 밀려났다. 온종일 책상 높이의 컨베이어벨트 앞에 앉아 검수용 물품을 내려다보는 작업으로 생긴 목의 통증을 호소했다. 목은 정말 아파본 사람만 아는데, 아무것도 못 할 정도의 고통에 파스와 진통소염제는 무용했고, 설상가상으로 근이완제 복용 시 부작용이 심했다(이는 나에게도 유전되었다). 엄마가 평소 일하면서 힘들다고 말하는 걸 본 적이 없는데, 대학원 공부로 부산에 가 있던 나와 통화할 때마다 비관적인 말을 쏟아냈다. 공군에서 군 복무 중이던 동생이 휴가 때 병원에 모시고 갔다고 들었다.

그러던 어느 날 나와 공립 도서관에 가는 길에 엄마가 나지막이 말했다. "공장에서 오십 먹은 여자는 이제 나이가 많대." 짠한 푸념이었다. 그러면서 자신의 한계를 토로했다. "면접 보러 간 공장에서 하루 해보고 정하래서 기계를 발로 밟는데, 힘이 달려서 도저히 못 하겠더라고. 허리도 아프고. 하루 만에 나왔어."

더는 공장에서 일하지 못하는 몸이라는 것을 씁쓸하게 인정하는 엄마의 모습이 애처로웠다. '철의 여인'인 줄만 알았던 엄마가 무언가를 못 하겠다고 말하는 모습을 본 건 아마도 그때가 처음이었을 것이다. 안쓰러웠고 무력했다. 학생 생활을 연장하는 바람에 가사에 일찌감치 보탬을 주지 못해 미안했다. 그때 이후로 엄마는 받아주는 곳이 없는 사람이라는 우울감에서 꽤 오랜 시간 빠져 있었다.

코로나19 팬데믹 초반에 군에서 신병 휴가를 나왔을 때, 나는 집에서 엄마의 '권고 사직서'를 썼다. 팬데믹으로 어려워진 회사가 예고 없이 사직을 요구한 것이다. 그런데 회사가 농간을 부렸다. 은근슬쩍 회사 사정이 아닌 '개인 사정으로 그만둔다'는 식의 일반 사직원으로 둔갑해 서명을 받으려 한 것이다. 실업급여를 주지 않겠다는 꼼수였다. 내 화의 방향은 힘없는 노동자에게 속임수를 부리는 회사를 향했어야 옳았다. 그런데 나는 도리어 휴가 때도 쉬지 못하고 뒤처리를 한다며 엄마에게 짜증을 냈다.

엄마는 내게 미안해했다. 엄마가 미안해할 일이 아니었다. 이 상황에서 가장 위로가 필요했던 사람은 엄마였으니까. 그러나 우리 사회는 늘 이런 식으로 가난하고 배우지 못한 사람들이 가장 많은 사과를 하는 사회니까. 그런데도 나조차 내 일이 되면 같은 방식으로 한다는 게 부끄러워 견딜 수 없었다. 책으로 배운 분노가 수치스러웠다.

잡초같이 억센 엄마는 재빨리 늙어가는 세상의 흐름을 읽었다. 실업급여의 도움을 받는 기간 '열공' 모드에 돌입해 요양보호사와 베이비시터 자격증을 땄다. 고령화로 돌봄 노동의 수요가 급증할 것이라는 엄마의 판단은 적중했다. 요양보호사의 직무가 태생적으로 깔끔한 데다 정리하는 것을 좋아하고 남을 잘 챙기는 자신의 장점에도 맞아 보인다고 했다. 물론 처음에는 적응에 애를 먹었다. 타인을 돌보는 일의 고됨, 특히 목욕이 있는 날이면 입이 부르틀 정도로 몸이 녹초가 되기도 했다. 그러나 가장 힘겨워했던 것은 남에게 자신의 직업이 부끄럽게 느껴진다는 자기인식이었다. 작은 오해에도 무시당한다고 느끼며 두 아들에게 신경질을 부린 적도 많았지만, 잘 버텨낸 끝에 숙련 노동자가 되었다. 그리고 얼마 전 다시 정규직 채용의 문턱 앞에서 꼬박 계약기간 2년을 채우고 퇴직했다.

그날 나는 엄마가 좋아하는 치즈케이크를 사 들고 오랜만에 본가를 찾았다. "오늘 무슨 날이야?" 갑자기 웬 케이크냐며 눈이 동그래지면서 활짝 웃는 엄마는 마음에도 없는 소리를 했다. "잘린 게 뭐 축하할 자랑이라고 **돈 아깝게** 케이크를 다 사와?"

'**돈 아깝게**'라는 말에 신경이 긁힌 내가 속사포처럼 쏘아붙였다. "엄마, 그거 흙수저 집 자식들이 제일 듣기 싫어하는 말인 건 알지? 그리고 누가 축하한대? 직장 다니느라 고생했다고 사왔지."

 엄마는 순간 말문을 잃었다. 엄마는 그렇게 많은 직장에서 무수히 많은 맺음을 해오는 동안 단 한 번도 세상과 가족에게서 칭찬이나 축하를 받지 못했다. 그래서 얼떨떨해했던 것 같다. 나는 모든 끝맺음은 다 기념할 만한 가치가 있다고 너스레를 떨며 케이크를 건넸다. 이내 엄마는 치즈케이크를 맛나게 즐기기 시작했다. "이 치즈 맛, 내가 제일 좋아하는 맛이야."

 다음 날 오랜만에 엄마랑 동네 뒷동산을 올랐다. 30대가 되니 자연히 모자지간의 이야깃거리가 직장생활과 저축으로 옮겨갔다. 엄마가 저축 좀 하라고 한소리를 했다. 좀 억울했다. '나처럼 또래의 절반도 안 쓰는 구두쇠가 어딨다고!' 그래서 말했다. "엄마, 저축액에서 내 월세 빼봐! 그럼 내가 훨씬 더 많이 모으는 거라니까?"

 엄마는 그래도 돈을 모아야 장가도 가고 집도 사고 한다면서 걱정을 했다. 그래서 나는 명절 보너스와 성과금을 목돈으로 모아가면 된다고 안심시켰다. 그때 엄마는 생전 그런 말은 처음 들어본다는 표정으로 내게 말했다. "엄마는 그런 좋은 직장들은 안 다녀봐서 잘 몰랐어. 미안해."

 엄마가 또 미안하다고 말했다. 이번엔 순간 내가 말을 잃었다. 나는 이제 엄마의 이력과 이력 사이에 존재하는 무수한 공백에 대해 짐작할 수 있게 되었다. 무수히 많은 면접과 해고의 흉터를 볼 수 있게 되었다. 우리 법이 만든 2년 주기의 흉터들. 나는 그 흉터들을 떠올리면서 산 정상에 오르며 한마디 했다. "이건 산이 아니라 언덕이네." 엄마가 답했다. "네 동생은 여기 보고 동산이래. 웃기지. 근데 너 그렇게 얇게 입고 안 춥니?"

사실 좀 추웠다. 산을 오르면 몸에서 열이 나 춥지 않을 줄 알았는데, 추위가 회색이었다. 도시의 추위 중 가장 추운 색은 청색이 아닌 회색이다. 마음이 황량하니까. 그래서 더 토끼털이 생각났는지도 모르겠다. 이번 겨울엔 월급 모아서 꼭 캐시미어 코트를 사야겠다고 마음먹었는데, 내 코트보다 엄마 외투를 먼저 사야겠다고 생각을 고쳐먹었다.

집에 들어가 따뜻한 물로 몸을 씻은 후 전기장판을 깔고 이불로 몸을 싸매며 앉았다. 모자가 오랜만에 텔레비전을 바라보며 한 이불을 덮는다. 유년기의 겨울, 보일러가 돌아 뜨끈한 바닥에 내복을 입은 채 뒤통수가 두툼한 브라운관 텔레비전 앞에 앉아 '탱크 보이' 게임을 하던 모자의 옛 모습이 떠오른다. 마침 까먹을 싱싱한 귤이 쌓여 있다. 포근하니까 어리광을 부리고 싶다.

형이 필요한 남자들 I

정치학 석사라는 학위가 군생활 중 방해가 된 순간이 있었다. 내 병과는 '정훈', 정치훈련의 줄임말이다. 장병 정신전력교육 시간이 종종 곤혹스러웠다. 단일민족을 강조하는 민족사 중심의 서술을 읽을 때마다 내가 아는 얼굴 여럿이 떠올랐기 때문이다.

신병 시절 뭣도 모르고 친하게 지냈던 옆 대대 병장은 까무잡잡했다. 전역 전에 내게 자신이 말레이시아 화교의 자식임을 밝혔다. 그의 표정은 무덤덤했다. 직접 말해주기 전까지는 그의 출신을 전혀 알아채지 못했다. 후임 중 하나는 어머니가 중국인이었다. 그 사실을 모르는 다른 친구들이 아무렇지 않게 중국 욕을 하면 그 친구의 표정이 잠시 구겨졌다가 이내 멋쩍게 웃었다. 턱에 힘이 많이 들어가 있었다.

이 친구가 없을 때 나는 나머지 친구들을 따로 불러내 개

별적으로 주의를 주었다. 이 행동이 배려였을지, 함부로 타인의 개인사를 말한 것인지 윤리적 판단이 서지 않았지만, 당시엔 분대장으로서 침묵할 수는 없었고, 별다른 방법도 떠오르지 않았다.

인구절벽의 병영과 다문화 병영. 병력은 부족했지만 '색다른 신병'을 받을 준비가 전혀 되지 않은 어긋남. 점점 더 많은 다문화 가정의 아들과 딸이 군대에 갈 텐데, 우리가 가르치는 역사는 비좁아서 안타까웠다. 한국 남자기에 징집된 군대에서 한국인으로 인정받지 못하는 순간을 마주했던 이 친구들의 심정은 어땠을까? 존재 부정이니 뭐니 하는 번드르르한 말은 쓰고 싶지 않다. 아마도 이 친구들은 역사교육을 들을 때마다 외로웠겠구나 싶었다. 그저 남들 다 하는 군생활이니까 별생각이 없었을 수도 있다.

나는 서른 줄에 소위 '이대남'이라 불리며 지식사회의 성토를 받는 이들과 일 년 반을 살 비비고 같이 살았다. 나도 입대 전에는 '20대의 보수화'를 주장하는 기성세대의 말에 동조한 적이 있었다. 혐오문화에 젖어 있고 역사의식이 부족하다는 말을 무비판적으로 수용한 적도 있었다. 색안경을 낀 상태로 훈계를 한 적도 많았던 것 같다. 그러나 직접 오래 겪어보니 그냥 평범하고 순박한 청년들이었다. 좀 억세고 말이 험

한 측면은 있었지만, 글로 적힌 것보다 악행이 과장되었다는 인상을 받았다. 글로 쉽게 정의로워지는 것을 의심했고, 나 역시 예외가 아니었음을 성찰했다.

그 친구들은 항상 궁금한 게 많았다. 고작 열 살 터울 안에 있을 뿐인데, 그 나이에 서른 살은 무척 어른처럼 보이는 법이니까. 사실 내 정신연령은 스무 살 때와 크게 다를 바 없다. 어쩌면 조금 더 속으로 징징거릴지도 모른다. 남에게 들통나지 않는 법을 연구했을 뿐. 그러나 친구들은 틈날 때마다 늘 먼저 나에게 다가와 말을 걸고 속에 있는 말들을 털어놓았다. 하필 좀 쉬려고 할 때 찾아오면 가끔은 참 피곤하기도 했다.

"형! 제가 못 배우고 가난해서 제 주변에서 배운 사람이 형밖에 없어요"라던 한 친구는 내가 전역할 즈음엔 "군대니까 열 살 가까이 많은 형이랑 이렇게 만나서 같이 지낼 수 있었던 것 같아요. 그래서 이것저것 물어보고 싶은 게 참 많았어요"라며 집으로 떠나는 나에게 마지막 인사를 건넸다. 그 말을 듣자니 참 마음이 쓰였다. 애들도 궁금한 게 많고 미숙한 게 싫고 좋아하는 상대 앞에서 부끄럽고 싶지 않은 마음이 컸을 텐데, 그저 물어볼 곳이 필요한 평범한 애들일 텐데, 이걸 털어놓을 곳이 없었던 것이다.

중대장들보다 많은 나이 탓에 졸지에 간부와 병사 사이의 다리 역할을 떠안게 되었다. 양측에서 내게 '통역'을 바랐고, 여단장이 그 역할을 내게 맡겼다. 나는 군생활 동안 억울함을 언어화하지 못하는 애들을 위해 아랫사람의 관점에서 부지런히 '통역'했다. 사실 나도 같이 편하자고 한 건데, 그걸 고마워하는 애들이 많았다.

특히 병영 내 또래 상담병을 맡으면서 듣는 이야기들에는 종종 그 나이에 감당하기 어려운 일들이 참 많았다. 가끔은 무슨 말을 해야 할지 말문이 막히기 일쑤였다. 이제 스무 살 갓 넘은 어린 애들이 살아온 게 너무나 기구하고, 양친이 온전하고 멀쩡한 집안이 하나도 없어서 슬펐다. 여기저기서 속고 무시당하면서도 괜찮다고 센 척을 해댔다.

그러나 사실은 하나도 안 괜찮다는 것, 누구보다 상처받고 있다는 것, 그거 하나는 확실했다. 말해보면 안다. 그 친구들은 눈물이 많았다. 말은 걸걸하고 입은 험해도 사연 많고 정 많은 애들의 속마음에는 세상이 별 관심을 두지 않는다. 가진 게 자존심밖에 없는 사람의 이야기도 인기가 별로 없다. 우리 시대에 '숙맥'은 인터넷 세계에서 무수히 많은 사람에게 확대 재생산되어 조리돌림당하는 비난의 대상일 뿐, 이해의 대상이 되지 않는다.

그때 나는 지식인이라는 사람들이 이런 애들을 덮어놓고 악마라 단정 짓는 게 과연 옳은 일일지 고민에 빠졌다. 그 시선이 마치 어리숙함과 가난을 잊고 살 만해진 기성세대의 게으름처럼 느껴지기도 했다. 덜 자란 마음에 과도한 비난을 퍼붓는 게, 올바른 선택이라기보다는 그저 쉬운 선택처럼 느껴졌다.

나 또한 마찬가지였다. 나는 성인이 된 10년 정도를 스스로 '진보적'이라고 생각하며 살아왔다. 그래놓고도 사람을 대하는 내 접근법은 진보적이지 못했다. 선언이 사실을 규정하지는 못한다. 선언은 선언일 뿐, 진보적으로 살아와야 진보적인 것이다. 책으로만, 기사로만, 칼럼으로만 세상을 읽는 사람은 쉽사리 언제나 자신은 평가하고 평론할 위치에 있을 것이라는 어떤 오만에 빠지기 쉽다는 것을 깨달았다. 나도 그랬으니까.

배우지 못하고 억울하고 못살아서 생기는 원망들에 대해서는 관대해야 한다는 은사님의 가르침을 자주 생각했다. 정치학을 배울 때는 쓰는 어휘가 깊어지더라도 잊지 말라고 하시며 따라주신 한 잔의 술. 내가 열 살은 어른이니까 내 마음의 넓이도 열 살만큼은 넓었어야 한다는 생각이었다. 숫기 없는 인간들이 숫기 없음을 감추기 위해 가장하는 치기에 속지 말자고 말이다.

　사람이 궁지에 몰리거나 앞날이 보이지 않는 암울함에 잠식당할 때는 어떤 위로도 다 기만으로 들리는 시기가 있다. 막막한 군생활 도중에 사람의 시야와 감정의 폭은 더 좁아져 괜한 피해의식에 사로잡히곤 한다. 그럴 때면 주변 사람의 애정 어린 조언마저 잔소리나 비난으로 들려 귀를 막아버리는 수가 있다.

　그런데 징집이 아니었다면 사회에서 마주칠 리 없는 이들과 오랜 기간 고생하며 싹튼 우정은 자기비관적 상황 속에서도 조언의 틈을 열어준다. 그래도 가까운 형이니까 이 친구들에겐 가장 따끈따끈한 조언이겠거니 싶어서 나는 그들의 질문에는 대체로 내 경험을 담아 최선을 다해 조언했다. 말을 하다 보니 어리숙했던 내 옛 모습이 떠올라 자연히 해주고 싶은 말도 늘었다.

　우선 힘들 때 센 척하지 말라고 했다. 어린 나이에 겪어내기 벅찰 만한 상황이라면, 그냥 울라고 했다. 남자는 울어선 안 된다는 그 속박에서 벗어나자고 말했다. 세상은 어린 사람의 눈물에 관대하니까, 탓할 사람 찾아가면서 욕하며 풀지 말고 그 관대함을 잠시 빌려보자고 말했다. 힘들고 버거운 현실을 인정하는 것은 결코 비겁한 일이 아니라고 했다. 힘든 것을 오래 참다 보면 나보다 덜 힘든 사람을 원망하고, 괜히 주변 사람을 걸고넘어지게 된다. 나의 힘듦으로 타인을 쑤시는 일은 나도 그랬고 그 시기에 가장 비일비재한 일이다. 징징거림이나 불평불만으로 비치더라도 일단 힘듦을 인정하면 잘못 꿰인 첫 단추를 푸는 것처럼 많은 일이 풀린다. 적어도 비관과 부정적인 감정에 휩싸여 타인을 해하는 불행한 사태는 피할 수 있다.

잘못을 했으면 곧바로 미안하다고 할 줄 알아야 한다고 확실하게 강조했다. 어린 친구들에게 흔히들 '개념이 없다'고 말하지만, 사실 그 나이에 일찍부터 철이 들어 개념을 무겁게 탑재한 사람들은 전 세대를 통틀어서도 극소수일 것이다. 다만 안 된다는 것을 안 된다고 단호하게 말해줄 친밀한 사람이 없었을 뿐이지, 알려주면 잘 따를 애들이라는 생각이 들었다. 도움을 받아 고마움을 표할 때는 작은 캔커피 하나라도 들고 가서 말하라고 알려주었다. 작은 캔커피 하나가 수줍음과 말주변 없음의 상당 부분을 상쇄해준다고. 예쁨받는 법은 조직마다 다르겠지만, 이렇게 하면 어딜 가든 꾸중 들을 일은 덜할 것이라고 말이다.

군생활의 꿀팁 정도면 어떻게 되겠는데, 존재론적인 질문을 던져올 때도 있었다. 나도 헤매고 있는데, '행복이 무엇

이냐', '진정한 사랑이 뭐냐' 같은 철학적인 질문을 해오면 머리가 아득해졌다. 나도 찾지 못했지만, 적어도 행복은 인터넷 바깥에서 찾아보자고 말했다. 온라인 커뮤니티에서 떠도는 자극적이고 수상한 이야기들을 믿지 말자고 했다. 혹시라도 언제 찾아올지 모르는 소중한 인연을 만났는데, 잘못된 사고방식과 편견에 젖어서 잃게 된다면, 내가 준비되지 않아 놓치고 만다면, 그보다 더 최악의 결과가 있을까.

●●●

전역하는 날 새벽, 지휘통제실장에게 양해를 구해 컴퓨터를 켜 편지를 썼다. 우리 부대 인트라넷에 내 후임, 동기 한 사람 한 사람과 있었던 일화와 자세하게 써주고 싶었던 장점들을 적어놓고 '역롤링페이퍼'를 남겼다. 그저 나는 나와 군생활을 함께한 내 후임들이, 아니 동생들이 현실에서 조금 더 온순하고 다정한 이들을 많이 만났으면 좋겠다는 마음을 담았다. 때론 불같고 특히 규율 앞에서는 한 치의 예외도 없이 빡빡하게 굴던 나보다 좋은 형들을 만나길 바랐다. 차근차근 다정하게 어른이 되는 법을 가르쳐주는 세상이 오길 소망하며 마지막 전원 종료 버튼을 눌렀다.

형이 필요한 남자들 II

전역 당일은 뭔가 얼떨떨했다. 이날이 오기만을 바라며 달력 날짜를 볼펜으로 지워나갔는데, 막상 그날이 오니 생각보다 홀가분하지는 않았다. 내가 이곳을 떠난다고 해서 무언가 달라지지는 않겠지 하는 마음과 한동안 내 빈자리가 느껴졌으면 하는 모순된 마음이 공존했다.

집으로 가져갈 짐 상자만 네 개였다. 아니, 나라에서 재워주고 먹여주고 입혀줬는데, 내 살림이 이렇게 많았다고? 압축에 압축을 거듭했는데도 넘쳐나서, 간부가 위병소까지 차로 실어다주었다. 마지막 거수경례를 힘차게 하고 부대 정문을 나섰다. 이날을 위해 고이 모셔둔 새 군화에서는 광이 났고, 위병소의 녹슨 철책은 뭉뚝하게 보였다. 나를 바라보는 초병들의 눈빛이 뜻하는 바를 읽을 수 있었다. '부럽다. 나는 언제 집에 가냐.'

후임들에게 많은 편지를 받았다. 출발 전 간소하게 전역식을 했다. 악수를 나누는데 후임 하나가 울먹였다. 같이 고생하면서 지지고 볶고 지낸 정이란 건 무시 못 한다. "형, 개념 없는 고딩 하나 사람 되는 거 도와주셔서 너무 감사했습니다"라고 말했다. 내가 뭘 한 게 없다고 또 울지 말라고 달랬더니, 그 친구는 형이 되어준 것만으로도 든든했다고 말했다.

그 순간 멍해졌다. 나도 이 친구들과 같은 나이일 때 정말 간절하게 형을 필요로 했으니까. 좀 컸다고 그 사실을 까마득하게 잊고 지냈다는 것을 깨달았다. 아마도 그 고마움이라는 것의 방향은 나였다기보다 '형의 역할'에 대한 고마움이었으리라. 특히 더 그럴 것이 한 명만 낳는 시절에 늦둥이 외동으로 태어난 이 세대의 태생적 결핍은 형제자매가 없다는 것이다. 노산을 한 부모는 나와 너무 거리가 멀고, 보고 배우며 때론 경쟁할 형의 자리가 비어 있는 상황. 집으로 돌아가는 차에서 많은 상념에 잠겼다. 사실상 아버지 없이 자란 나는 맏형으로 태어나 모든 것과 직접 부닥치며 배웠다. 어려서는 형이 있는 애들이 놀이터에서 위세 등등한 게 아니꼬웠다. 머리가 굵어지면서 고민의 시간이나 선택의 순간에는 참 겁나고 두려운 게 많았다.

아버지 같은 남자는 절대 되지 않겠다는 다짐을 했지만,

그래서 어떤 남자가 되어야 하는지 물어볼 데도 가르쳐주는 곳도 없었다. 어떻게 하면 후회 없이 인생을 살아낼 수 있는지, 그 시간은 무엇을 하면 좋은지 참고할 최신의 사례가 필요했다. 뜬구름 잡는 소리 말고, 딱 나보다 반보 앞서 갓 시행착오를 겪은 이들의 생생하고 실질적인 조언이 필요했다.

입시 때는 여러 학과가 궁금했지만 물어볼 곳이 없었다. 특히 아무리 성적이 좋더라도 내 형편에 사립대 진학이 가능할지 자체를 두고 고민이 깊었다. 돈 문제는 내가 해야 할 고민 같지 않았지만, 우리 집에서 나밖에 할 수 없는 고민이었다. 생활인으로서 경제 관념이 부족했던 때라 비용은 얼마나 드는지, 어떤 부분에 돈이 나가는지, 아르바이트든 과외든 하면서 좀 노력해서 장학금 타면 다닐 만한 수준인지 어림할 수 없었다. 빈촌에 살았던 나는 주변에 대학 나온 사람이 한 명도 없었다. 사촌 형제들 중에서도 내가 맏이였다.

대학 시절엔 금융에 무지해서 빚내는 것 자체가 두려웠다. 억지로 학업과 노동을 병행하다 정서적 탈진에 빠지기 일쑤였다. 졸업하고 나서야 학자금 대출의 낮은 이율이 내게 무엇을 제공해줄 수 있는지 깨달았다. 돈 대신 시간을 벌어주는 것이었다. 중요한 시기에 아르바이트에다 시간과 체력을 빼앗기지 않고 공부에 더 집중할 수 있는 일종의 쿠션 같은 것이었는데, 나는 그저 빚이 무서웠다. 빚 독촉 전화를 대신 받던 어린 날의 기억은 빚은 절대 내면 안 되는 것, 망하는 지름길이라는 편견으로 자리 잡았다. 요즘 시대의 빈부격차는 금융격차라는 말은 사실 나부터 해당하는 이야기였다.

가끔은 사회에서 자리 잡아 학자금 대출 성실히 갚아가며 괜찮게 살아가는 직장인 형들을 알았다면 조금 덜 우울한 대학생활이었을 것 같다는 생각도 든다. 그래서 나는 종종 멘토 자격으로 대학생들과의 만남에 초대되면 형편이 어려운 학생들한테는 조심스레 권한다. 정 혼자 감당하기 힘들면 일과 학업 사이에 자신을 무리하게 끼워 넣지 말고 대출의 도움을 받는 것도 나쁘지 않다고 말이다.

그 시절 나는 이성 자체를 어떻게 대해야 할지, 사랑이 무엇이고 연애는 또 어떻게 시작하는 것인지, 좋은 데이트 코스는 무엇인지, 친구나 연인과의 다툼은 어떻게 풀어나가야 하는지, 이별의 징후는 무엇이고 이별의 순간은 어떻게 받아들여야 하는지 물어볼 사람이 간절히 필요했다.

내 또래들도 마찬가지였던 것 같다. 삶의 조언을 구하기 위해 여기저기 멘토며 독설가며 '힐러'들을 무수히도 찾아다닌 듯싶다. 그게 다 최근 유행했던 베스트셀러 에세이 제목의 변천사와 똑 닮았으니까. 그러나 결국 나에게 필요한 건 딱 하나였다. 형의 존재. 아이를 하나밖에 낳지 않아 외동이 넘쳐나는 시대에는 형도 부족하니까. 좋은 남자가 되기 위해서, 나쁜 남자가 되지 않기 위해서 참고할 형이 필요했다.

나는 20대의 7할을 대학 테두리 안에서 보냈다. 그러나 어느샌가 나도 그 시절의 혼란과 결핍을 까마득하게 잊어버렸다. 직장을 갖고 쓰는 언어가 달라졌다고 해서 살았던 시절이 사라진 것은 아닌데 말이다.

내가 유독 군에서 겪은 일을 소중하게 간직하는 이유는 피부로 '소셜 믹싱social mixing'을 느낄 수 있는 거의 유일하게 남은 곳이 바로 군대이기 때문이다. 이제는 빈부격차가 아예 지리적으로 나뉘기 시작했다. 사람들은 더는 섞이지 않으려 한다. 아파트는 브랜드별로 급이 있고, 학교는 그런 아파트 단지 안에 지어진다. 인간관계가 곧 아파트 공동체에 평생 얽매이게 되는 것이다. 특히 소위 명문대라 불리는 곳에도 점차 특정 지역, 특정 아파트의 특정 학교 출신들만 떼로 몰리는 현상이야말로 계급 단절의 정점이다.

따라서 좋든 싫든 '공통의 기억'을 남기는 유일한 곳은 군대 정도밖에 남지 않게 된 것이다. 징병이라는 특수성이 서로 다른 지역에서 서로 다른 배경과 계급을 가지고 한데 섞여서 대체로 비슷한 삶을 살게 만드는 유일한 곳처럼 남게 된 것이다. 그런데 사실 나는 서로 다른 삶에 대한 '이해'는 그런 곳에서 꽃핀다고 믿는다. 매끄러운 활자의 세계가 때론 더 많은 오해를 낳고, 거친 줄만 알았던 세계에서도 그 나름의 이해심이 싹트기도 한다는 것을 이제는 알게 됐으니까.

사람은 보통 누구나 '찌질의 역사'를 가진다. 자신이 틀렸다는 것을 알더라도 쉽게 인정하지 못하는 게 인간이다. 그런데 고집과 자존심을 가진 동물은 반드시 자존심의 시험을 받기 마련이다. 그럴 때 매섭게 비판하는 것보다 순간의 망신을 당하지 않게 주변 사람이 퇴로를 열어주는 것도 한 사람의 변화를 도와줄 아주 현명한 방법이라고 생각한다.

경험상 그럴 때 지나치게 몰아세우면 사람이 아예 비뚤어진다. 자존심이 전 재산이었던 내가 비뚤어지지 않았던 것도 내 의견을 참아주고 약간의 견해 차이는 덮어준 형들을 거쳤기 때문이다. 나도 내 주변 형들이 그랬듯, 한때 못된 말을 입에 담았더라도, 성질부리는 게 일상이고 성격이 다소 모났더라도, 앞으로 안 그럴 수 있다고 그 발전 가능성을 믿어주는 것이 우리 시대 얼마 없는 형들의 역할이다.

형을 갖고 싶어했던 내가 잘할 수 있는 게 하나 생겼다. 형을 필요로 하는 동생들이 먼저 도움을 구해오면 나와 같은 실수를 하지 않도록 묻는 말에 친절히 잘 알려주는 것이다.

같이 망가지면서, '찌질했던' 시절을 먼저 드러내면서 자존심 상해하지 않아도 된다고 말해주는 것이다. 그 정도면 내 역할은 충분하지 싶다. 민족이니 뭐니 거창한 말로 역사시간마다 갈라지는 것보다, 살면서 이따금 마주치면 부담 없이 밥 한번 사주는 형이 되는 방식이 훨씬 훌륭하다고 믿는다.

그래서 어떤 형이 필요하냐고 묻는다면, 우리에게 좋은 선임과 같은 형이라고 답하겠다. 능글맞으면서도 살가운 스타일이지만, 제 할 일 착착 맞춰 잘해서 딱 반보 앞서 알려주는 좋은 선임과 같은 형. 굳이 위아래를 따지지는 않지만 동생들에게 먹히지 않고 왠지 군말 없이 따르고 싶은 사람이다. 넷플릭스 드라마 〈D. P.〉에 나오는 한호열 상병(구교환 역)의 모습과 어느 정도 닮았는데, 그보다는 조금 부드러운 카리스마가 있달까? 그게 내가 되고 싶은 형의 모습이다.

내 논문이 하늘을 날았다

내 석사 논문이 닭처럼 푸드덕거리며 허공을 날다 추락했다. 내 차례가 되어 막 학위 논문을 발표하기 위해 단상에 오른 참이었다. 한 교수가 나를 째려보며 팔짱을 풀더니 심사용 논문을 던지고 버럭 화를 내며 자리를 박차고 나갔다. 대학에는 범인의 감성으로 이해할 수 없는 특이한 사람이 많고, 학과마다 이런 전설은 하나씩 있다지만, 하필 그게 나일 줄이야. 이유 모를 돌발상황에 내 동공에는 지진이 났고, 정신이 반쯤 나간 채 발표를 시작했다. 흑백처럼 바랜 강의실에서 유독 교수님들의 얼굴만 컬러로 보였다.

아슬아슬한 '아무 말 대잔치' 끝에 제한시간을 30초가량 넘겼다. 송곳 같은 질문이 이어졌다. 그럭저럭 잘 방어하고 있다고 생각했는데, 급격히 마지노선이 무너졌다. 말이 자꾸 꼬였다. 다른 교수님들께 죄송하다, 보완하겠다 연신 고개를 조아린 후 수정사항을 성실히 받아 적는 척했다. 간신히 구사일생했다. 뒤풀이에 갔는데 식욕이 없었다. 그날따라 소주가 참 달았다.

석사 논문을 써본 사람이라면 모두가 알 것이다. 내가 낳은 논문에 대한 총체적 부끄러움과, 지식의 소비자와 지식의 생산자 사이에 놓인 차원이 다른 윤리와 책임감을 말이다. 자신의 석사 논문이 수천 회 열람되었다는 사실을 뒤늦게 알고는 얼굴이 붉어져 차마 고개를 들지 못했다던 한 교수님의 농담이 더는 웃기지 않았다.

모든 절차와 서술에 '그냥'이 없어서 생기는 괴로움이란 게 있다. 필요한 말을 필요할 때 해야 하고, 말을 이어나가려거든 합당한 맥락과 이유가 있어야 한다. 주제선정은 막막하고 생산절차는 엄격한데, 내 지성만 한없이 부끄럽다. 호랑이 기세로 시작한 내 논문은 어느새 귀엽게 살찐 고양이가 되어 보잘것없어졌다.

하고 싶은 말을 다 담으려는 욕심에 글의 골격이 중증 측만증에 걸린 듯 영 석연치 않았고, 내 눈에서 역류할 만큼 거듭 확인했는데도 치명적인 오타와 아찔한 표기 실수들을 인쇄 이후에도 발견했다. 무엇보다 발가벗겨져 비평당하는 자리의 괴로움을 뼈저리게 알게 되었다. 누가 굳이 말해주지 않아도 '나 정말 애송이구나' 하면서 하룻강아지의 분수를 자각했다.

물론 나는 하루 자랑 할당량을 채워야 하는 부류의 겸손하지 못한 인간이다. 하지만 뽐내고 싶은 마음이 과하게 끓어올라 사리분별을 어지럽힐 때면, 위험센서가 작동한다. 즉시 논문 심사 때의 조마조마함을 떠올리며 겸손의 태엽을 되감는다. 그러면 효과가 있다.

크게 부실한 것은 없었는지 하자보수를 몇 군데 진행하니 어찌저찌 2차 심사까지 넘겼다. 결국 심사위원의 인준 도장 세 개를 모아 학위를 받았다. 군대 잘 다녀오라는 심사위원들의 덕담에 정중하게 고개 숙여 인사드리고, 그날은 온종일 깊은 잠에 들었다.

연구실에서 조금씩 짐을 빼러 학교에 들렀다가 지도교수님과 마주쳤다. 흡연장에서 담배를 피우던 교수님이 지나가던 나를 멈춰 세우셨다. 가급적 눈에 안 띄려고 자세를 낮췄는데도 걸리고 말았다. 교수님은 내 석사 논문을 고쳐서 함께 학술지에 투고해보자고 하셨다. 되면 좋고 안 되면 거기까지니까 너무 기대는 하지 말라는 당부와 함께. "네? 넵, 네…." 꾸벅 인사를 드리고 잰걸음으로 캠퍼스 밖을 빠져나왔다.

솔직히 얼렁뚱땅 그냥 넘어가고 싶었다. '이대로 입대하면 금세 잊힐 텐데, 굳이 해야 해?'라는 생각에 사로잡혔다. 논문 때문에 골수까지 진이 쭉 빠져서, 머리에 가뭄이 들고 한동안 어떠한 활자도 읽을 수 없는 황무지 상태였다. 내가 낳은 논문이지만 정말 논문이 미웠다. 내 새끼지만 참 미운데, 사랑하지 않을 수 없는 부모의 마음이 이런 걸까 싶었다.

아무튼 미룰 대로 미뤘던 입대가 고작 한 달 남은 시점이었다. 이제 다 끝났다는 해방감이 몰려오면서 당분간 놀 일만 남았다는 기대감이 솟구쳤다. 그러나 그 계획의 발목을 논문이 낚아채더니 다시 나를 늪으로 빠뜨려버렸다. 그래도 최소 열흘은 쉬지 않으면 머리에서 김이 빠지지 않을 것만 같았다. 열흘이 정말 짧았다.

꼴도 보기 싫었던 논문을 다시 읽어보니까 그간 보이지 않던 것들이 눈에 들어왔다. 먼저 전반적인 논리 구조가 설계도처럼 다시 그려졌다. 최단 경로로 가지 않고 불필요하게 에둘러 돌아간 곳들이 보였다. 쓰는 데 급급해서 일단 다 쏟아냈던 사족을 쳐내고 중언부언을 걷어내니 한결 논문 같아졌다. 글을 다듬으면서 생각이 정리되었다. 비로소 내가 무슨 말을 하고자 했는지 깨달았다. 자존심 상해 덮어둔 교수님들의 지적사항이 다 맞았다.

잘라내고 다시 이어붙이기를 반복하며 기초적인 실수들

과 오류들을 바로잡고, 투고용 원고를 지도 교수님께 전송했다. 입대 당일 새벽 3시였다. 부랴부랴 짐을 싸고 버스터미널에 도착하니 동틀 녘이었다. 입대 날 새벽까지 논문 쓰는 내 팔자가 애처로워 웃음이 났다.

내 논문은 약 150일 뒤 일병이 꺾였을 무렵, 심사를 통과해 학술지에 정식 게재되었다. 부대 생활관의 딱딱한 침대에 누워 휴대폰 작은 화면으로 게재 원고를 확인하는데, 옥에 티가 몇몇 보였다. 심사용 파일에는 없던 오류였다. 학술지 측의 편집과정에서 발생한 것으로 보였다. 내 실수가 아니어서 속상했지만(게재된 논문을 절대 수정할 수 없기 때문이다), 이것도 과정의 일부라고 생각하기로 했다.

읽다 보니 군데군데 지도교수님의 학술적 글쓰기 기술들이 보였다. 기차로 치면 객차와 객차 사이를 연결해주는 커플러처럼 단단하고 유연했다. '이건 이런 식으로 풀어내는구나, 이걸 이렇게 정리하니 깔끔하다.' 연신 감탄했다. 교신 저자가 보여준 숙련의 흔적을 추적해가며 더 완성도가 배가된 내 논문을 바라보는데, 갑자기 화가 났다. 진작 좀 알려주시지! 그렇지만 흡족했다. 중도 포기 없이 더 고생하길 잘했네. 좋은 공부였다.

'연구설계론'이라는 과목의 오리엔테이션 시간에 담당 교수님께서 말씀하셨다. 논문을 끝까지 써본 사람은 한 차원 높은 사고에 도달한다고. 마라톤을 완주한 사람의 호흡처럼, 지식생산을 위한 절차 논리의 엄격함을 뚫어낸 논문의 호흡은 다르다는 것이다. 내 사고의 깊이가 그 정도 경지에 이른 것 같지는 않다. 그러나 내가 할 수 있는 말은 '생각하는 태도'가 달라지는 것만큼은 확실하다는 점이다.

무엇보다 실수에 대한 관점이 바뀌었다. 지금 당장을 기준으로 예단하지 않고, 실수를 부끄러움의 흉터로 삼도록 허용해줘야 인간이 성장한다는 것을 깨닫게 된다. 하루 단판으로 끝나는 시험이 아닌, 기간을 길게 잡고 가는 논문이 갖는 장점은 수정할 기회가 많다는 것이다. 실수를 빌미로 기회를 박탈하는 것이 아닌, 실수를 고쳐 성장할 기회를 주는 것, 그것이 학술이 가진 매력이다. 내 논문이 하늘을 날아본 덕에 '애송이의 윤리'를 알게 되었다. 사람은 틀리지 않으면 결코 발전할 수 없다.

시간 부자들의 도끼

사람과 논쟁하는 게 지치고 무서워질 때쯤, 정치학자 로버트 달의 『민주주의』라는 책이 새롭게 다가왔다. 의회 민주주의의 탄생을 도끼 든 바이킹들에게서 찾기 때문이다. 직접 민주주의의 지식재산권이 고대 아테네에 있다는 건 알았지만, 바이킹은 조금 의아했다. 배 타고 바다에 나가서 싸움만 잘하는 줄 알았던 바이킹족이 도대체 무슨 연유로 의회를 만들게 되었을까? 전투민족이 도끼로 만든 민주주의가 뭘지 궁금했다.

이해를 돕기 위해 우락부락한 근육질의 바이킹 전사들이 도끼를 들고 직접 민주주의를 한다고 가정해보자. 다혈질들이라 논쟁을 하다 꼭지가 돈다. 머리 아프게 떠드는 녀석의 머리를 도끼로 단박에 쪼개면 당장에 입을 다물게 만들 수 있겠지. 인간사 타협은 멀고 도끼는 가까이 있다. 아마도 인류가 낯선 타인과 시작한 최초의 대화는 주먹과 몽둥이였을 것이다. 바이킹의 전통은 '복수'다. 이판사판 도끼의 대화는 한쪽이 절멸할 때까지 끝나지 않는다.

그러나 도끼로 하는 물리적 해결은 거듭될수록 결국 공멸로 치달을 뿐이라는 사실 또한 머지않아 모두가 알게 되었을 터. 대화의 전제조건은 도끼부터 치우고 되도록 서로 주먹이 닿지 않는 안전거리만큼 멀어지는 것이다. 안전한 회담을 위해 마련된 '비무장 지대'가 진화해서 의회가 되었으리라. 무장해제를 거절하는 자는 대화에 낄 수 없었을 테고. 아무튼 의회는 대화를 통해 상대방과 깊은 이해에 도달할 수 있다는 낭만적 믿음에 근거한 것이 아니라, 말하다 죽지 않기 위해 구축한 안전장치였다는 쪽이 내게는 더 설득력이 있다.

나는 중세 바이킹들에게 세 가지를 배운다. 첫째는 대화를 성사시키기 위해 도끼를 내려놨다는 것이고, 둘째는 목소리가 들릴 만큼 서로에게 다가갔다는 점이며, 셋째는 안전거리 안으로는 더 다가가지 않았다는 사실이다. 물리적 충돌에서 대화를 꽃피워내고자 중세 전투민족이 고안해낸 지혜에서 놀라움을 느낀다. 온라인으로 실시간 연결된 우리에게는 안전거리 같은 건 없기 때문이다.

한편, 같은 책에서 로버트 달은 아테네의 고대인들이 발명한 직접 민주주의가 현실에서 작동되기 어려운 이유를 간단하게 설명했다. 시간이 없기 때문이다. 바쁜 현대인이 아니라 고대인에게도 시간은 절대적이고 귀했다. 60명이 60분간 회의하면 산술적으로 한 사람의 발언권은 1분 남짓이다. 1인당 1분 회의로는 공동체의 중대사를 결정할 수 없다. 아마도 대개는 한두 사람이 발언권을 독점하고 나머지는 방청객이 되어 듣기만 하는 과두제가 될 뿐이다.

시간이 모자란 인간들과 화가 많은 이들이 도끼를 내려놓고 지혜를 발휘해 기틀을 잡은 민주주의 제도에 새로운 유형이 등장했다. 요즘 들어 출현한 '시간 부자'들이다. 말 그대로 시간이 많은 사람들이 가장 무섭다. 넘쳐나는 시간이 다 무기이기 때문이다. 그들은 인터넷이라는 초밀착 세계를 부유하며 키보드를 도끼처럼 휘두른다. 마치 남에게 시비 걸기 위해 태어난 것처럼, 키보드로 논쟁하는 것이 삶의 이유인 듯한 사람들이 작정하고 남을 물고 늘어질 때의 피로도는 가히 공해 수준이다. 나는 시간이 많다는 것이 여가가 아닌 무기가 되는 세상에 종종 숨이 막힌다.

요즘처럼 시간 많고 할 일 없는 사람이 가장 무섭다는 말을 실감하는 때가 없다. 악플, 별점 테러, 가짜뉴스 유포, 좌표 찍기 등 시간 부자들이 사람을 괴롭히는 수법은 무궁무진하다. 이들이 모여 멀쩡한 어휘의 순결을 빼앗고, 특정 단어를 독점하려 들며, 상대를 싸잡아서 매도할 오염된 단어들을 골라내 공론장에 잔뜩 유포하는 일들은 비일비재하다.

이들이 시간 들여 얻고자 하는 것은 하나다. 바로 권력. 상대를 굴복시켜 자신의 비뚤어진 권력욕을 충족하는 재미에 한번 맛들리면, 누구든 쉽사리 빠져나올 수 없다. 흔히들 권력 중독을 권력자들에게만 발병하는 종류의 것으로 생각하지만 절대 아니다. 권력욕은 빈부와 강약을 가리지 않고 공평하게 집어삼킨다. 부모와 자식 간에도, 연인과 친구 간에도 예외는 없다.

예전에는 민주주의의 기능 고장을 두고 '부의 양극화'에 치중해 원인을 찾으려는 경향이 많았다. 나는 여전히 빈부격차가 공동체를 분열시키는 중요한 요소라 생각하지만, 그것만으로는 부족하다. 인터넷으로 모두가 실시간 연결된 정보화 시대에는 '시간의 양극화' 역시 중요하게 조명되어야 한다. 소수의 시간 부자들이 악한 의도를 갖고 결집할 때, 제어되지 못하는 공격성의 분출을 어떻게 다룰 것인지에 대한 사회적 고민이 있어야 한다. 견제되지 않고 독주하는 목소리도 폭력이다.

빈부격차가 지배하는 곳은 사회가 양극단으로 찢어지고, 안전거리가 사라진 곳에서는 민주주의가 작동하지 않는다.

남는 게 시간인 검투사들이 무자비하게 싸우는 콜로세움이 펼쳐질 뿐이다. 비무장 지대가 줄어든 공동체는 대화가 소멸하고 언어의 난투극만 남은 공멸의 길로 향할 것이다. 시간 부자들이 여론의 도끼를 거머쥐고 가차 없이 휘두르는 콜로세움에서, 우리의 자리는 열광하는 관객석 혹은 침묵하며 퇴장하는 출구뿐일지도 모르겠다.

나는 시간 부자들의 집요함이 싫다. 그 집요함이 만만한 타인에게만 선택적으로 발동하고 신분이나 처지, 위치상 절대 반격할 수 없는 상대를 대상으로만 이루어지기 때문이다. 일관되면 철학이지만 사람 가려서 하면 그냥 야비한 거다. 사소한 언행 하나를 꼬투리 잡아 인생의 전부가 잘못된 것인 양 단죄하고 심판할 수 있다는 듯 몰아가는 태도는 사람을 질리게 만든다. 기분을 상하게 만들었다고 해서, 자신들의 정의관에 부합하지 않는다고 해서 아예 떼로 몰려와 좌표를 찍고 뭇매를 때리는 행태는 솔직히 무섭다. 내가 언제 그 대상이 될지 모르기 때문이다.

언젠가부터 우리 시대의 발화는 '어떻게든 남보다 더 밉게 말하기'로 귀결되고 말았다. "날 기분 나쁘게 한다면, 나에겐 무제한적으로 당신을 보복할 권리가 있다." 이것이야말로 인터넷 세계의 법칙처럼 자리 잡았다. 기분 상하는 건 많은

비부격차가 지배하는 곳은 사회가 양극단으로 찢어지고, 안전거리가 사라진 곳에서는 민주주의가 작동하지 않는다.

데, 기분을 풀 수 있는 방법은 없다고 선언하는 이들은 무제한적 분풀이를 방관하는 세상을 낳는다. 주변을 질식시킬 정도로 예민한 인간에게 사소한 원한이라도 사는 순간 집요한 보복의 굴레에 갇히고 만다. 이 시간 부자들이 에워싼 감옥에서 불운한 공무원, 연예인, 선생님들이 악성 민원과 실시간 생트집에 시달리다 결국 죽음으로 내몰리고 말았다.

일하느라 바쁜 사람들, 사랑하느라 시간이 모자란 사람들, 부지런히 친구와 우정을 쌓고 추억을 남기는 사람들, 가족과 애틋한 시간을 보내는 사람들에게는 인터넷에서 다른 사람을 미워할 시간이 없다. 자신의 행복을 쌓기에도 시간이 모자라니까. 그러나 어떤 이유에서건 '시간 부자'가 많아졌다는 것은 건강한 관계에서 행복을 추구하는 사람의 수가 줄어들고 있다는 유력한 징후처럼 보인다. 이 세상에 사랑할 게 없고 몰두하고 싶은 일이 부족하다는 말과도 같으니까. 시간 쓸 곳이 '키보드 배틀' 외에 마땅치 않은 곳은 분노만 남은 사회다.

한때 "분노하라"라는 구호가 한 시대를 휩쓸더니, 그 반작용으로 각자의 정체성대로 분출된 화가 사방에서 난반사되는 세상이 왔다. 무제한 보복의 권리, 무자비한 사적 제재가 시간 부자들을 만나 정의로 둔갑하는 곳에서, 어느새 나는 경계선을 긋고 타인을 이해하지 않기 시작했다. 심기나 기분 따위의 예측 불가능한 요소로 내 평판과 평온이 좌우되게 만들고 싶지 않았다. 그래서 마음의 문을 닫고 타인과 멀어지는 가장 단순하고 소극적인 방법을 택했다.

하지만 이는 안전하기 위해 창문 없는 집을 짓는 일과 같다. 단절은 답이 될 수 없다. 비무장 지대가 곧 평화는 아니지만 평화와 대화의 기초다. 두려움과 복수심을 접어두고 도끼를 내려놓고 다가가 '안전한 대화의 영토'를 늘린 중세인들의 용기를 떠올린다. 그 앞에서 몸을 사리기만 했던 한 정치학도가 자신의 비겁함을 부끄러워하고 있다.

꿀벌의 수성법

어려서부터 벌에 관심이 많았다. 개미도 좋았지만, 벌이 더 좋았다. 비행능력이 있는 데다가 색도 예쁘기 때문이다. 기생벌을 제외한 벌 대다수는 여왕을 정점으로 군체를 이룬다. 벌집과 개미굴은 하나의 독립왕국이다. 개미의 경우는 공동여왕을 두고 연합왕국을 꾸리기도 한다. 천상 문과였던 나는 생물학적인 호기심이 아니라 경이로움 때문에 개미와 벌을 좋아했다. 인간이 아닌 미물 세계에 역할 분업을 갖는 사회질서가 있다니!

초등학생 시절에 나는 우리 동네 잠자리 챔질의 달인이라는 소리를 들을 정도로 곤충채집을 잘했지만, 말벌은 도저히 잡을 엄두가 나지 않았다. 초등학교 4학년 때 극기훈련 도중 말벌에 손을 쏘여 퉁퉁 부었던 경험 탓일까. 말벌은 꿀벌을 괴롭히는 악당이라고 생각하면서도, 강력한 악당의 매력에

끌렸다. 물리치는 맛이 있으니까(강한 턱에다가 여러 번 쏠 수 있는 독침도 있어, 자신보다 큰 곤충도 능히 이길 수 있다. 낭만적이다). 그래서인지 나는 벌을 무서워하면서도 벌 보는 것을 좋아하는 어른으로 자랐다. 참, 말벌의 말은 크다는 뜻인 걸 서른이 넘어서야 알게 되었다.

그 뒤로도 벌이 나오는 다큐멘터리나 도시 양봉을 다룬 책들을 종종 찾아 읽었다. 세상이 좋아져 새벽 방구석 침대에서 전기장판으로 등을 지지며, 아열대 외래종인 등검은말벌의 집을 따다가 미어캣의 먹이로 주는 경북 아저씨의 삶을 훔쳐볼 수도 있었고, 장수말벌을 잡아 술을 담그는 말벌 사냥꾼들의 삶을 엿볼 수도 있었다. 부산의 유명 양봉 유튜버 '프응'의 영상을 통해 양봉업의 한 해를 즐겨 보는 게 삶의 낙 중 하나가 되었다(과거 내가 살았던 오피스텔 앞에는 벌집 모양의 타워가 있다. 그 덕에 우리 동네는 '꿀벌마을'이라는 별명을 갖게 되었다).

그러다 꿀벌 관련 법을 만드는 작업에도 참여하게 되었다. 「양봉산업의 육성 및 지원에 관한 법률'(양봉산업법)」의 일부개정법률안은 국회 인턴 시절 보좌진으로서 내가 기획한 첫 법률안이었다. 요 몇 년 겨울철 이상고온으로 월동 중인 꿀벌들이 집단으로 실종되거나 폐사하며, 꿀벌의 개체수가 37퍼센트가량 급감하는 사태가 전국적으로 발생했다. 눈에 보이는 벌은 이미 죽은 벌이었고, 죽지 않은 벌은 집을 비우고 행방불명되었다.

꿀벌의 소리 없는 멸종 위기는 명확한 원인 하나로 귀결되지는 않지만, 기후변화로 꿀벌의 생존환경이 매우 불리해졌다는 것만큼은 확실하다. 봄꽃이 일찍 지는 바람에 채집한 꿀이 줄었고(먹이 감소), 여름이 길어져 기하급수적으로 번성한 아열대 외래종 말벌 피해가 늘었으며(천적 피해 증가), 진드기 창궐 시기가 당겨져 살충제 사용이 늘어나는 바람에 살충제 내성을 보유한 진드기가 발생했다(기생충 피해 증가). 또 먹이 부족과 큰 일교차로 면역력이 부실해진 꿀벌에 바이러스가 창궐했으며(전염병 피해 증가), 겨울이 변덕스러워져 이상 고온으로 계절을 착각한 꿀벌은 바깥일을 하다 귀갓길에 얼어 죽는 비극을 겪었다(적응력 감소). 내가 꿀벌이라면, 정말 온 세상이 나만 미워한다고 울분을 토했을 지경이다.

피해 지역 소재 도청 담당 공무원과 여러 번 긴 통화를 하며 실태를 파악하고, 국책기관 보고서를 꼼꼼하게 읽고, 전문가들의 의견에다 관련 책과 보도 기사를 종합해 부지런히 공부했다. 첫 법안 도전인 데다 내가 좋아하는 꿀벌이 떼죽음을 당한 것이라 아주 열심히 공부했다. 문제의 근본 배경인 기후위기 적극 대응과 피해보상을 핵심으로 잡아 법적 근거를 만들고자 했는데, 추후 그 법이 통과(대안 반영)되었다는 소식을 들었을 때 굉장히 기뻤다. 원안의 본래 취지보다 많이 깎여나 간 아쉬움은 있었지만, 작은 도움이라도 되었으면 하는 마음이었다.

잠시 벌 공부를 하면서 여러 단상이 내 머리를 스쳤다. 특히 눈이 갔던 것은 꿀벌 집단이 말벌 개체를 격퇴하는 방식이다. 약자가 강자를 물리치는 방법 중 하나가 집단으로 뭉쳐서 공방을 벌이는 것인데, 꿀벌의 대말벌 집단 격퇴전술이 가히 예술의 경지에 이르렀기 때문이다. 꿀벌이 말벌을 에워싸 만든 둥근 공인 '봉구蜂球'는 정말 아름답고 처연하며, 자기희생적이면서 생사의 경계를 뒤트는 듯한 격렬함을 갖고 있다. 전쟁이 소리라면, 인간의 전쟁은 화약의 폭발음이지만 벌들의 전쟁은 매섭게 뒤엉켜 부딪히는 진동 소리다.

정찰 말벌 한두 마리가 기웃거리면, 꿀벌들은 촉각을 곤두세우며 즉시 경계 태세에 돌입한다. 몸으로 틀어막은 입구에 줄지어 모여 동시에 엉덩이를 부르르 떨어 경고를 한다. 이때가 중요하다. 초동 대처에 실패해 정찰대 한 마리를 놓치면 그 뒤로 돌아오는 것은 말벌 대군이다. 턱질 한두 방에 몸통이 분리되는 수준, 공중에서 한두 마리가 납치되는 수준을 넘어 왕국 하나가 도륙 난다. 미래를 상징하는 애벌레까지 털리며 함락당하는 것은 삽시간이다. 양봉업자들이 5분 대기조처럼 즉시 튀어 나가 배드민턴 채로 말벌 퇴치에 나서는 이유가 있다.

꿀벌들은 '열구熱球'를 만들어 말벌을 말 그대로 쪄 죽인다. 말벌보다 조금 더 더위를 견딜 수 있기 때문이다. 꿀벌들은 순식간에 둥근 공 모양의 벌 뭉치를 이루어 침입한 말벌을 집어삼킨다. 날갯짓을 최고조로 올려 체온을 높이면 생체 찜통이 되고, 그 속에 갇혀 옴짝달싹하지 못한 말벌은 열 공격에 그대로 익어버려 죽고 만다. 이 과정에서 상당수의 꿀벌도 같이 쪄 죽거나 부상을 입는다.

약자가 뭉쳐 자기보다 크고 강한 침략자를 격퇴하기 위해 두려움과 망설임 없이 즉각적으로 육탄방어에 나서는 모습은 감동적이다. 전투가 끝난 후 몇몇 죽은 말벌 옆에 늦가을 낙엽처럼 쌓인 죽은 꿀벌들. 꿀벌의 집단방어는 비통함까지 자아낸다.

그러나 한편으론 이 방식의 약점에도 눈이 간다. 벌 뭉치의 열 공격은 결국 자신들도 같이 죽는 방식이다. 열은 아군과 적군 모두를 공평하게 죽여 반복해서 쓰는 데 한계가 있다. 제아무리 꿀벌이 말벌보다 열을 더 잘 견딜 수 있다 하더라도, 열에 노출된 곤충은 얼마 못 가 죽고 만다. 전투가 반복

될수록 군체 전체에 가해지는 열 손상이 누적되어 결국 벌떼의 소멸로 이어지고 만다.

꿀벌의 수성법에서 어디서 많이 본 듯한 기시감이 들었다. 정치의 세계에서도 비일비재한 일이기 때문이다. 나는 국민에게 자신을 지켜달라 호소하는 부류의 정치인을 몹시 미워한다. 장기적으로 민주주의라는 공통의 터전을 불태우는, 공멸의 심지에 불을 댕기는 행동이기 때문이다. 정치인의 운명은 정치인 스스로가 개척하는 것이다. 정치인이 국민을 지켜야지 그 반대가 되는 것은 주객전도이자 직무유기다.

리더가 자신을 지켜달라고 호소하는 순간, 리더십과 팔로워십 간의 균형은 붕괴하고 만다. 균형이 무너진 아수라장에서는 리더십도, 팔로워십도 모조리 실종되고 아비규환만 남을 뿐이다. 우리는 그 현장의 처참함을 '강성 팬덤'이라는 이름으로 자주 목격하게 되었다. 팬덤의 순기능도 크지만, 강성이 되는 순간 대의정치는 실종된다.

모든 이슈에 즉자적으로 반응해 나의 진영을 방어하는 것이 최우선이라고 믿었던 적이 있다. 우리 진영에 잘못이 있다면 무작정 덮어주고 보듬어주고, 불리한 이슈는 어떻게든 방어하려 기를 쓰는 분위기에 휩쓸렸다. 그냥 인정하고 털어내고 사과하는 것이 정도이고 자숙을 말하는 것이 최선이었음에도 그릇된 사랑법을 놓지 못했다. 정치학 전공자로서 부끄러운 일이었다.

전쟁터에서는 이성이 마비되고 강성의 분위기가 조직을 장악하기 쉽다. 통제력을 상실한 조직에서는 폭주가 일어날 가능성이 크다. 과열된 양상에서 리더는 이끄는 자라는 본령을 상실하고 끓어오른 지지자들에게 끌려다닐 것이며, 과열된 공간에서는 정치의 호흡도 짧아진다. 격앙된 지지자들이 모든 이슈에 즉자적으로 반응해 결사옹위의 자세로 막아내는 것은 단기간에는 효과를 보겠지만 장기적으로는 조직 전체를 상하게 만드는 쪽으로 흐를 것이다.

궁여지책은 궁여지책일 뿐이다. 극약처방이 일상이 된 곳의 결말은 폐허다. 진영 논리에서는 상대 진영을 타도하는 것 이상으로 우리 진영의 수준과 품격을 올리는 것도 중요한 과제다. 귀하게만 키운 품 안의 자식이 가장 먼저 비뚤어지듯이 내가 사랑하는 정치인을 지키고자 벌떼처럼 달려들어 보호하는 사랑법은 결국 내가 사랑하는 모두를 공멸의 길로 이끄는 건 아닐까 생각했다. 냉소의 시대가 지나간 줄 알았는데 곧바로 과열의 시대가 도래했다. 지구도 정치도 식을 줄 몰라서 문제다.

비겁한 어른은 김빠진 맥주와 같다

1

믿기 어렵겠지만 내가 다니던 학교엔 '급식비 미납자 명단 방송'이 있었다. 매월 마이크 잡기를 좋아하던 부장 선생님은 "후후—, 교무실에서 알립니다. 급식비 미납자는 즉시 교무실로 오기 바랍니다"라고 운을 뗀 후 내리깐 목소리에 멋을 부려가며 이름을 줄줄 읊었다. 몇 달씩 중복으로 불리는 반고정 단골 이름이 있었다. 눈치 빠른 몇몇은 호명된 저들이야말로 우리 학교의 이름난 거지들이구나 하고 알아챘다.

부장 선생님은 마치 급식비를 제때 내지 않은 것은 아주 중대한 과오며 불성실이라는 듯이 애들을 꾸짖었다. 기껏 해봤자 부모님한테 잊지 말고 제때 입금해달라고 당부하는 정도일 텐데, 뭐 그리 대단한 감투를 썼다고 급식비 미납자를 요란하게 색출했는지 그 이유를 아직도 잘 모르겠다. 세상에는 별것 아닌 문제를 꼬집어 권위를 확인하고자 하는 못난 어른들이 있는데, 그중 한 명이었던 듯싶다. 요새는 무상급식이라 이런 일은 없을 것이다.

아무튼 복지수급자와 급식비·학비 지원자를 모집하는 방식도 기괴했다. 담임 선생님은 "모두 눈 감아. 지원이 필요한 학생은 지금 손들어" 하고 무미건조하게 말했다. 사실 눈을 제대로 감는 학생은 몇 없었다. 두 개의 눈이 어찌 80여 개의 눈을 1~2초 만에 확인할까. 흘깃거리는 시선이 창피해 손을 들지 못하는 친구들이 있었다.

나도 수급자 중 한 명이었는데, 복지수급자를 찾는 담임 선생님 말에 손을 번쩍 들었다. 배고픈 것보다 비굴한 게 싫었다. 아무렇지 않은 척 팔에 힘을 넣어 자세를 유지했다. 옆 분단 친구와 눈이 마주쳤다. 나를 보고 걔도 쭈뼛거리며 손을 들었다. 우리는 눈이 마주쳤다. "풉!" 하며 서로를 바라보고 웃었다. 쉬는 시간에 매점에서 빵을 나눠 먹으며 말했다. "새꺄ㅋㅋㅋ, 너도냐?ㅋㅋ" 우린 빵 쪼가리를 우적거리며 실없이 웃었다. 빵에서 민망한 맛이 났다. 빵 대신 우린 절친을 먹은 것이다.

'company'라는 영단어를 좋아한다. 회사, 동료라는 뜻이다. 라틴어 어원이 매력적이다. 함께(com) 빵(panis)을 먹는 사이라 '동료'라는 뜻이고, 우리나라 말로 치면 한솥밥을 먹는 사이니까 '회사'라는 말이다. 그 녀석과 나는 아직도 가장 친한 친구 중 하나다. 함께 빵을 먹은 사이니까, 안 친해질 도리가 없다. 별로 대단하지 않은 사람들에게 가난을 들킨 대가로 나는 죽마고우를 얻었다.

2

또 다른 녀석과 나는 초등학교 때 햄스터로 친해졌다. 그 친구가 내게 두 마리를 선물했기 때문이다. 햄스터의 수명은 2년이지만 우리의 우정은 고등학교 때까지도 이어졌다. 잊을 만할 즈음 같은 반이 되었으니까. 다시 만난 교실에서 서로의 첫인사가 욕이었고, 욕으로 친함을 확인하며 반갑게 끌어안았다. "그새 운동 좀 했나 봐?" "내가 좀 근질이 질겨."

그날은 햄스터 두 마리를 선물로 줬던 그 녀석의 생일이었다. 생일빵이라는 악습이 있었다. 대부분 장난이었다. 나와 내 친구들도 매점에서 먹을 것을 사서 주고 가볍게 등짝을 두드리는 '인디언밥'을 갈겼다. 두두두두두둑— 착! "어때, 시원하지?" 여기서 끝났으면 문제가 없었을 것이다. 화장실에서 담배를 피우고 돌아왔던 옆 반의 일진 끄나풀(노는 친구들과 친하게 어울리지만 단독으로는 인정받지 못하는 부류) 하나가 끼어들었다. 시간을 때우는 게 지루하던 차에 재밌는 '장난'이 생각났다는 눈빛이었다. 끄나풀과 그 녀석은 정식으로 통성명도 하지 않았고 선물을 주고받을 사이는 더더욱 아니었다. 하물며 주먹을 주고받을 사이도 아니었다.

다음 쉬는 시간, 끄나풀은 자신이 매점에서 빵을 하나 훔쳐왔다며 내 친구에게 건네주고는 축하한다는 말을 던졌다. 이윽고 손목을 돌리고 어깨를 풀고 목을 이리저리 돌리는 과장된 몸풀기를 한 후 힘껏 '생일빵'을 치기 시작했다. 가벼운 장난이 아니라 구타였다.

친구의 표정이 일그러졌고 교실을 가득 채웠던 각자의 말소리가 이내 잦아들었다. 적막함이 감돌면서 모두의 얼굴에 웃음기가 가셨다. "심하네. 야, 적당히 해라." "왜? 생일선물도 줬잖아." "야, 너 애 알아?" "꺼져!" 그 순간 나와 친구들이 달려들어 끄나풀을 밀쳐냈다. "앞으로 여기 오지 마라."

나는 친구를 데리고 학생주임 선생님을 찾아갔다. 아니, 억지로 끌고 갔다는 쪽이 맞았다. 친구는 머뭇거리면서도 눈물을 감추며 반 발자국 뒤를 따라왔다. 학생부는 어려웠다. 보이지 않는 결계가 쳐진 듯했다. 나는 당연히 선생님이 이 사건을 성실하게 처리해주리라는 순진한 믿음을 가지고 있었다. 문을 벌컥 열고 학생주임 책상 앞에 서자마자 기대는 산산조각이 났다. 자초지종을 설명하는데, 학생주임의 표정이 굳어졌다. 복잡한 일에 말려들기 싫다는 기색이었다.

사람이 나이가 들고 타성에 젖어 권위에 중독되면 타인의 고통이 귀찮아지고 일이 커지는 것을 두려워하며 자신의 보신만을 중히 여기는 때가 있다고 했다. 이제 와 생각해보니 학생주임이 딱 그럴 때였던 것만 같다. 삶이 관성에 잠식되어 무기력해지다 보니 그 지경에 이른 것일 테다.

학생주임이 갑자기 급발진하며 버럭 호통을 쳤다.

"일 처리엔 순서가 있지. 얻다 대고 나를 곧장 찾아와? 맞고 온 게 뭐 자랑이야? 너희 담임 선생 거쳐서 와!"

기가 차서 대꾸했다.

"우리 담임 선생님 오늘 안 계셔요. 그리고 일단 애가 맞았는데 순서가 어딨어요?"

"이 새끼가 버릇없이…."

"그럼 그냥 교육청에 바로 민원 넣을게요."

이제 막 학생인권조례가 세상 바깥으로 얼굴을 내밀 때였다. 학생주임의 얼굴이 굳어졌다. 잠시 말을 멈추고 생각을 하더니 그렇게 원하면 징계위원회를 열어주겠다고 했다. 그러고 나서 한마디 덧붙였다.

"그러려면 너 임마, 너. 일단 학교에 어머니부터 모시고 와야 한다."

갑자기 말 한마디 없던 친구가 급하게 말문을 열었다.

"아니에요. 저 괜찮아요. 안 맞았어요."

이어 강한 완력으로 이번엔 친구가 황급히 나를 끌고 복도로 나왔다. 내가 답답한 표정으로 물었다.

"야, 미친! 안 맞기는 무슨…. 괜찮긴 뭐가 괜찮아?"

"나 징계위원회에 부를 엄마 없어."

예상치 못한 말이라 순간 멍해졌다. 아무 말도 하지 못한 채 우두커니 서 있었다.

3

10년이 지나 피시방에서 아르바이트할 때였다. 컵라면에 과자 정도 있던 예전과 다르게 피시방은 삼겹살을 구워줄 정도로 올라운드 음식점으로 변모한 지 오래다. 단지 컴퓨터는 사람을 오랜 기간 자리에 앉혀두는 수단에 불과하고, 주요 매출은 100가지에 달하는 다채로운 음식 장사에서 나온다.

피시방 아르바이트를 오래 하다 보면 인근 경찰과 자연

스레 안면을 트고 친해지게 된다. 그럴 수밖에 없다. 주요 고객 중 하나는 중고등학생 일진 무리기 때문이다. 애들은 흡연실에서 버젓이 담배를 태운다. 세상은 그 모습을 가만두지 않고, 눈살을 찌푸리며 신고를 하고, 그러다 보면 계도를 위해 경찰 출입이 잦아진다.

그러던 어느 날 불량 중학생 하나가 게임을 하다 모니터를 파손했다. 분을 못 이겼던 모양인지 욕설을 내뱉으며 마우스를 던졌다고 했다. 피시방 매니저가 경찰을 불렀고, 조용히 부모의 연락처를 받았다. 초록색 빛이 여러 갈래로 새어 나오는 모니터에 '수리 중' 포스트잇을 붙이고 반나절 정도 지났을 때였다. 세련된 차림의 한 중년 여성이 기품 있는 걸음으로 다가왔다. 이윽고 은은하게 퍼져오는 담배 냄새에 인상을 찌푸리며 카운터 앞에 섰다. 솔직히 나는 당연히 죄송하다고 사과부터 할 줄 알았다. 그런데 목소리 톤이 아니었다. 굉장히 성가시다는 기색이 역력했다. "자초지종은 됐고요. 여기. 됐죠?"라는 말과 함께 휴대폰 입금완료 화면을 보여주더니 나가버렸다. 일말의 망설임도 없는 빠른 걸음이었다. 현관 종소리가 신경질적으로 들리다 이내 잦아들었다. 기물파손이 도덕의 파탄으로 이어지는 그 순간, 나는 학생부 앞에서 발길을 돌렸던 그 친구의 얼굴이 떠올랐다.

• • •

'피시방 변상 사건'이 있은 후 얼마 지나지 않아 그 친구를 한강에서 다시 만나게 되었다. 한강에서 치킨에 캔맥주를 마시며 지나온 날과 다가올 날들에 대한 이야기를 나눴다. 반팔 차림에 바람이 시원하게 부는 터라 모기가 달라붙지 않아 좋았다. 내가 그때의 일을 물었다. "그때 학주, 너네 엄마 없는 거 알고 있었어?" "응, 알고 있었지. 직업교육 신청 때문에 사전조사할 때 내가 직접 말했거든. 이혼해서 연락 끊긴 지 오래라고."

잔잔하게 일렁이는 강물을 바라봤다. 다른 말 없이 밍밍해진 남은 맥주를 마저 마셨다. 비겁한 어른들은 김빠진 맥주와 같다고 생각했다. 무감각하고 텁텁하구나. 맛없는 기억이었다.

두 번째 사춘기 I

나는 요새 주변에 '사춘기 2회차론'을 설파하고 있다. 예전엔 단순히 '중2병'이라는 말로 사춘기를 한정했는데, 내 경험상 20대 초반에 사춘기가 한 번 더 오는 것 같다고 말했더니, 주변에서는 이구동성으로 "맞아, 대체로 대학교 2학년 즈음이지"라고 화답해주었다.

사춘기 때는 짜증과 반항심이 부쩍 늘고 자기중심적인 사고에 갇히게 되는 경향이 있다. 중2의 사춘기가 인생의 반항기라면 대2의 사춘기는 방황기가 더해지는 것이다. 내가 이러려고 대학에 갔나? 비어버린 시간에 도무지 무엇을 해야 할지 모르겠고, 그래서 뭘 해봤자 소용 없을 것 같아서 노력조차 쉬이 할 수 없다. 지금 하고 있는 모든 것이 덧없게 느껴지는 인생무상의 시기다. 다소 바람 빠진 풍선 같은 느낌이랄까. 자아성찰의 시기라기보다 자기 성토의 시간이다.

그런데 방황 속에도 반항심이나 자기중심성은 여전하다. 특히 싫어하는 것이 뭔지 호불호가 확실해진다. 그러니까 딱히 좋아하는 것은 없는데 싫어하는 것만 무지하게 많아지는 시기가 찾아온다. 자기 취향을 어렴풋이 쌓아가는 과정에서 일단 미워하는 것이 먼저 쌓이는데, 정작 정념 발산의 크기에 비해 무엇을 원하는지는 실종되어 뜨뜻미지근한 상태라 할까. 일단 다, 싫다. 뭐든 그냥 싫다. 인간 혐오의 세기도 가장 강하다. 인터넷 커뮤니티는 주로 혐오를 길어 담아 오는 우물이 되었다. 온라인 커뮤니티가 취향의 공동체에서 같은 걸 싫어하는 자들이 모인 미움의 공동체로 변모한 것은 이미 오래된 일이다. 나도 2회차 사춘기를 거쳤다. 내가 앓았던 증세는 '지식인병'이었다. 내 지성은 남보다 돋보여야 했고, 내 논리는 나이를 뛰어넘어 탄탄하고 옳아야 했으며, 내 문장은 누구보다 날카롭고 유려해야 했다. 무엇보다 논쟁에서 져선 안 됐다! 내가 언쟁에서 지려 하지 않자 내 친구들은 우정을 지키려 나를 대신해 나에게 져주었다.

남다른 해석을 보여주고자 하는 강박에 단어마다 따옴표를 남발했던 이 시절에 내가 쓴 글은 죄다 점박이다. 분칠한 문장으로 감춰지지 않는 애송이의 인정욕구가 읽을수록 우습고 수치스러워 끝까지 읽지 못한다. 남과는 다른 각도의 시선을 과시하고 억지로 의미를 부여한다고 온전하게 영화를 보지 못했던 것도 기억난다. 뭘 그리 일찍 돋보이고 싶어서 오버했나 모르겠다. 인생무상을 극복하기 위한 비뚤어진 인정욕구였다. 희소한 사람이 되고 싶었으니까.

인간관계가 늘 어려웠다. 지금도 마찬가지다. '왜 착하게 살면 바보가 될까?'로 시작하는 평판의 편파성. 순한 이들의 실수에는 세상이 유독 가혹해 보였다. 착한 사람이 참다 참다 딱 한 번 버럭 하면 참아준 줄 모르고, "착한 줄 알았는데 알고 보니까 참 별로네"라는 악평이 뒤따랐다. 반면, 이기적이고 까칠한 인간에게 세상은 친절했다. 못되게 굴다가 한두 번 잘해주면 "개 직접 겪어보니 생각보다 나쁘지 않던데?"라는 평판이 뒤따랐다. 나쁜 사람에게서는 그 이면에 어떻게든 착한 심성이 있을 거라 믿고 좋은 구석을 발견해주려는 인간의 심리란 무엇인가.

그때부터 난 희소성이라는 개념의 지독한 구석을 발견했다. 착한 사람이 착한 것은 흔해서 당연한 거지만, 나쁜 사람이 착하면 희소하고 특별한 것이다. 내가 타인에게 특별한 존재라는 인정욕구와 결합하면 평판에 대한 기준은 더 지저분해진다. 남들에게는 못되기만 한 인간도 내 앞에서는 친절해진다는 현상은 짜릿함을 선사한다. 사실 못된 인간은 희소성과 특별함으로 당신을 매수한 것이다. 그래서 '나한테만 잘하면 문제없다는 말'은 사실 악인을 두둔하는 말이 아니다. 자신이 누리는 특별대우를 사수하기 위한 본능적 반응이다. 이기적 인간의 선행은 희소성을 갖고 고평가되지만, 이타적 인간의 선행은 한두 번의 실책에도 위선으로 내몰려 인생 자체가 쉽게 부정당하고 만다.

위선과 악의 시소게임도 나를 고민케 했다. 왜 사람들은 악보다 위선에 더 분노하는가. 예측 가능성이 붕괴된 시대의 사람들은 상대를 파악할 자원과 여유가 부족하기 때문이다. 예측되는 악은 대처가 가능하지만, 위선에는 무방비 상태로 허를 찔린다. 내 인생에 나쁜 사람을 쳐내는 것은 차라리 좋은 일이다. 알아서 걸러졌으니 고맙다고 말해야 한다. 그러나 믿었던 사람을 잃는 것은 두 명을 잃는 것이다. 내가 알던 선인이 한 명 줄고 악인이 한 명 늘었기 때문이다. 위선에는 두 사람 몫의 분노를 느끼게 되는 것이다.

차라리 계산되는 악이 예측 불허의 위선보다 낫다는 사람들의 인식은 혼란의 시대에 필연적인 결과다. 미래가 가장 흔들리는 청년 세대가 특히 위선에 분노하는 것은 이 지점에서 출발한다고 본다. 예기치 못한 변화에 가장 취약한 세대니까. 위선에 대한 분노는 자꾸만 잃어버리는 예측 가능성에 대한 박탈감에 큰 지분이 있다.

그러나 기분이 두 배 나쁘다 해서, 위선이 악보다 두 배 나쁜 게 되는 것은 아니다. 위선이 타락한 선일지라도 악보다는 낫다는 사실을 점차 깨닫고 있다. 세상엔 흉내를 통해서 터득되는 게 있다. 연극일지라도 연기를 해야만 돌아가는 질서도 있다. 위선은 반복된 흉내를 통해서 선으로 변화될 여지가 조금이라도 있지만, 악에는 그런 틈이 없다. 악이 거리낌 없어지면 세상은 걷잡을 수 없이 망가진다.

선이 감점당하고 악은 가점을 받는 '위선'의 논리는 평판의 굴절이다. 나는 이 굴절이야말로 인간이 관계를 바라보는 시야를 비튼다고 본다. 위선의 논리가 선이 세상에 설 자리를 잠식하는 사이, 악의 논리가 위악이나 필요악처럼 긍정의 얼굴로 등장하듯 말이다. 악역이 돋보이는 영화는 있어도, 악역만 등장하는 영화는 거의 없다. 작위적이더라도 선역은 있어야 한다. 정도의 차이가 있는 것들을 단순하게 도긴개긴과 피장파장으로 몰고 가다 보면, 선이 페널티를 받고 악이 메리트를 얻게 되는 전도된 결과가 발생한다. 이렇게 보면 우리가 위선을 혐오한다기보다 위선이 우리를 비웃고 있는 것은 아닌지 모르겠다.

두 번째 사춘기 II

인생무상과 인정욕구, 선악의 혼란에 관해 살펴보았다. 그다음 순서로 미움에 관해 다시 말해야겠다. 미워지는 모든 것 중에서 나 자신이 가장 싫다. 도무지 마음에 드는 점이 없다. 무수히 많은 것을 싫어하는 이가 싫어하는 대상에서 자신도 빼먹지 않았다는 점에서 자기혐오는 공정한 구석이 있다. 누구에게나 한 번쯤 패배주의에 젖어 어떠한 위로도 다 기만으로 들리는 때가 있다. 공부를 못해서 자학하는 사람을 본 적 있는가? 공부를 잘하려고 더 시간을 쓰고 노력하기보다 공부해도 안 되는 이유를 찾는 데 더 골몰하며 자기 자신을 괴롭힌다. 몸이 자꾸만 모든 가능성의 언어들에 염증을 느끼며 튕겨내는 것이다. 자기 자신을 사랑하지 못하는 이들에게는 연애의 맥락도 똑같다. 사랑을 구하기보다 자신이 사랑할 수 없는 이유를 찾는 데 온 힘을 다하는 것이다.

나에게도 어떤 조언이든 걱정이든 무한정 튕겨내는 시기가 있었다. 그래서 어떤 감정 때문인지 잘 알 것도 같다. 초라함, 바로 초라함 때문이다. 이 초라함이라는 감정은 한번 달라붙으면 쉬이 떨어지지 않고 감추고 싶어도 숨겨지지 않는다. 나도 나 스스로가 초라하게 느껴질 때가 있었다. 비교라는 것이 사방에서 반짝이며 나를 쩨려볼 때가 있었다. 열등감이랑은 다른 감정이다. 열등감은 내가 중심이 되는 감정이다. 열등감은 떠오르는 사람이 비교적 뚜렷하고 뜨겁게 내 속을 태워먹는 감정이지만, 초라함은 차갑고 내가 주변이 되는 감정이다. 불특정 다수가 지나치는 커다란 세상의 한구석에 있어도 없어도 그만인 내가 초라하게 멈춰 있을 뿐이니까.

세상이 너무 화려해서 원망스럽다는 말을 들은 적 있다. 주변 모든 곳이 핫플레이스로 뒤바뀌는 것만 같은 기분, '핫플'이 영역을 넓히면 내가 갈 수 있는 곳들이 줄어든다는 기분이라고 했다. 연남동과 성수동 같은 곳에는 보이지 않는 입국 심사대가 있는 것만 같아서, '힙하고' 잘 꾸며진 카페 같은 곳은 나를 밀어내는 것만 같아서, 화려함이 보내는 신호는 꼭 나에 대한 거부인 것만 같다는 얘기다. 초라함이라는 감정은 자꾸만 나를 지레 겁먹게 한다. 누구도 명시적으로 나를 거부하지 않았는데, 자꾸만 내 발걸음을 묶는 위축된 마음은 과연 무엇일까.

화려한 사람들의 공간에 어울리지 않는 이들에게 예정된 것은 '입구 컷'이다. 탈락의 기분을 느끼지 않기 위해선 방구석으로 숨어드는 수밖에 없다. 이 세계에서 합격자와 탈락자와 위치는 변하지 않고, 핫플과 인스타그램에 어울리는 사람이 따로 있다고 믿는 이들이 늘어나고 있다. 그럴수록 양지바른 곳에 핫플이 있고 방구석은 음지가 되는 단절의 시대는 앞당겨질 것이다. 그것이야말로 일종의 '문화격차'다.

이 장면은 사실 어디선가 본 적 있는 익숙한 모습이다. 젊은이들 노는 데 방해된다며 자리를 피하는 노인들의 모습과 닮았고, 예뻐 보이는 픽토그램에 당황해 오래 멈춰 서 있는 어르신들의 모습과도 닮았다. 키오스크 이용법을 몰라 햄버거 가게나 카페 같은 곳을 피하는 노인의 마음과, 핫플에서 어쩔 줄 몰라 들어가지 않는 이들의 마음은 굉장히 비슷한 구석이 있다. 그래서 나는 독거노인과 고립 청년들이 비슷한 모습의 분노와 정치 성향을 보이는 것을 결코 우연으로 보지 않는다. 내가 이곳과 어울리지 않는다는 소외감과 초라함이라는 같은 감정을 공유하고 있기 때문이다.

사랑의 집단실종이 어떤 생애주기를 갖게 되는지도 알게 되었다. 종종 10대 후반에서 20대 초반의 친구들과 터놓고

속 이야기를 할 기회가 있었는데, 시작도 하기 전에 연애할 마음을 닫아버린 친구들이 많았다. 그들은 냉소와 한숨에 호흡기를 벌써부터 장악당한 듯했다.

솔직히 나는 그들이 이성을 탓하거나 세상을 탓할 줄 알았는데, 놀랍게도 하나같이 자기 자신을 탓했다. 연애 좀 하라는 부모님이나 주변의 핀잔에 "누가 나 같은 걸 좋아하겠어요?"라고 푸념하듯 대꾸하는 모습을 각기 다른 곳에서 목격했다. 그들 모두 힘이 빠진 표정이었다. 무언가를 마음껏 좋아해본 적 없어서 사랑받는 미래를 그리지 못하는 것으로 보일지도 모른다.

그러나 그보다는 자기 자신이 사랑받고 사랑할 자격이 부족하다고 생각하는 것이다. 마치 사랑에 어떤 높다란 '면허' 같은 게 있어서, 연애라는 것을 두고 면허를 발급받은 소수의 독무대처럼 바라보는 것에 가까웠다. 면허의 총량은 이미 정해져 있으므로, 조금의 어설픔도 허용해주지 않는 세상에서 뒤늦게 출발한 초보자들의 신규 면허 발급은 거의 불가능하다는 자기인식이다.

그 이면에 드리워진 '어차피'라는 단어는 힘이 세다. 그들은 꾸며봐야 본판은 변하지 않는다는 말에 갇혀 있었다. 노력해봐야 결과는 달라지지 않는다는 '노력 무용론'이면서 타고 남에 대한 비관이 과다한 운명론인 셈이다. 건물 입간판과 신호등마저 예뻐지는 사회의 미적 평균 상승 기류 속에서 사랑에 외모가 전부는 아니라는 말은 설 자리가 없었다. 아무래도 이미지와 영상 중심의 SNS가 또래관계의 필수인 세대들이 느끼는 미에 대한 압력과 강박은 차원이 다를 테니 말이다. 사랑에 자격을 따지고 자격지심을 느끼게 되는 흐름엔 누구도 예외가 없다.

사람이 누군가를 좋아하면 시야가 좁아지고 성급해지기 마련인데, 상대가 너무 좋은 나머지 감정조절에 실패할 때가 있다. 그럴 때면 나도 모르게 보여주고 싶지 않은 어설픔과 삐걱임이 자꾸 드러나고 만다. 배려심 있게 마음을 표현하는 법은 어디에서도 가르쳐주지 않는다. 거절이 예고된 사랑 고백은 타인에게 상처가 될 수도 있다는 당연한 사실도 어디서 쉽게 배울 수 있는 것이 아니다. 매력 있는 사람도 재미없는 사람으로 만드는 것이 짝사랑이다. 그러나 구애자의 용기와 과정상 실수를 마냥 좋게만 봐주던 관대한 세상은 끝났다. 구애가 놀림거리가 될지도 모르는 세상에서 내 자존심을 접고 나를 깎아가며 마음을 전하는 일에 뒤따르는 후폭풍을 떠올리면서 사랑을 참는다.

사춘기의 사랑이 열병이면 두 번째 사춘기의 사랑은 폐

업이다. 연애 사업의 조기 폐업이 늘어나자 청년기의 연애 경험을 거치지 못한 채 나이만 먹는 사람들이 늘어났다. 나는 20대에 일찌감치 연애 사업을 접었던 사람들이 나이 들어 다시 연애가 하고 싶어졌을 때 맞부닥치는 여러 장벽에 대해 토로하는 것을 들었다.

구애 상대를 대하는 법을 아예 까먹어버린 채 서른 중반을 맞아 처음 사랑을 해보려니, 옷을 갖춰입고 데이트 코스를 정하는 아주 사소하고 기초적인 것부터 막힌다. 대화 소재는 빈곤하고 행동에는 겁이 많아 어설프기 짝이 없다. 20대의 첫 단계와 시행착오를 속성으로 과속해서 따라가다 많은 추돌사고를 낸다. 때를 놓친 미숙함이 나이와 어울리지 않게 되는 상황이 주책처럼 느껴지고, 자존감을 더 빠른 속도로 갉아먹는다. 연애 예능 프로그램의 모태 솔로 특집은 일회성 예능 소재가 아니다. 현실 속 많은 당사자의 현주소다. 나는 이 사회에 사랑 대신 혐오가 판치는 이유를 실제로 사랑하는 이들의 숫자가 줄었기 때문으로 꼽는다.

스티브 잡스가 만들어낸 것은 예쁜 휴대폰이 아닌 미의 혁명이다. 디자인의 혁명, 이 아름다운 혁명의 세계에서 미적으로 뒤떨어진 이는 살아남을 수 없다. 그가 촉발시킨 변화된 세상은 너무나 간결하게 아름다워서, 인스타그램이 지나치게 수려한 인간들의 근사한 삶들만 전시해서, 틱톡과 릴스와 쇼츠가 끊임없이 보여주는 이 숨 막힐 정도로 아름답고 멋진 신세계에서 스스로를 볼품없는 인간이라 느끼는 사람들이 늘어난다.

세계 인구가 80억을 돌파했다고 한다. 60억이던 시절에 비해 '인간은 존엄하다'는 말은 색채가 희미해졌다. 인구폭발과 에너지 소비 급증이 불러온 기후위기 시대에 누군가는 인간을 두고 아름다운 행성을 병들게 만드는 바이러스라고 말한다. 희뿌연 미세먼지와 변덕스러운 날씨를 보면 그 말에 고개가 끄덕여지면서도 한편으론 의문이 든다. 인공지능AI이 사람보다 낫다는 소리를 듣는 시대에 지구의 바이러스와 같은 인간이 정녕 존엄한 존재가 맞을까?

세계의 인구는 팽창하는데 정작 한국은 축소되고 있다. 가파른 인구절벽 속에서도 사람이 부족하다고 아우성이지만, 내 가치가 결코 올라가지 않는 이유는 사회에 유효한 사람이 되기 위한 압박이 도리어 점점 더 거세지고 있기 때문이다. 사람들이 입 모아 그리는 평균적 인간 되기의 힘겨움에 겁먹은 이들은 내 존재가 그저 지구의 여분일 뿐이라 낙담하기 쉽다. 잘나고 아름다운 인간들을 실시간으로 목격하는 시절에 성장해 젊음을 맞는 청춘들의 자의식은 구겨지기 쉽다.

잉여인간이라는 자의식이 청춘의 미래를 갉아먹으며 힘을 불리고 있는 모습을 나는 불안한 눈으로 지켜보고 있다.

이 시대는 콤플렉스에 한번 사로잡히면 정말 벗어나기 어렵다. 비교 강도가 전 세계적이고 실시간적이므로. 그런 아름다운 세상의 압력이 끊임없이 나를 지하세계로 끌어내릴 때, 자신을 지키며 살아가는 법을 미처 배우지 못한 채 거치는 청년기는 '두 번째 사춘기'다. 내가 이 어둠의 시기를 잘 정리했는지 모르겠다. 다만 '사춘기'라는 말에 내 바람을 담았다. 사춘기는 지나가는 한때의 일이므로, 그저 지나가는 일이길 바라면서.

아버지가 될 수 있을까

1

야심한 밤, 남자 셋이 목욕탕에 간다. 공교롭게도 사내 셋은 현재 아버지가 없다. 권태와 싸우는 형과 결핍과 싸우는 동생들이 웃통을 훌러덩 벗고 물줄기로 가볍게 몸을 씻은 후 탕에 들어간다. 몇 분 못 버틸 열탕에 성급하게 발가락을 살짝 넣어보곤 즉시 온탕으로 몸을 돌렸다. 명당은 이미 타일이 사람 엉덩이 모양으로 닳아 있다. 하루에 수백 번, 10년이면 수백만 번, 아니 어쩌면 그 이상의 사람들이 몸을 문대서 만든 세월의 자국이다. 우리는 닳고 닳은 흔적에 몸을 포갰다.

목욕탕 친구는 술친구보다 좋은 친구다. 기쁠 때나 슬플 때나 함께 취해주는 친구도 좋은 친구지만, 단연코 취하지 않고도 솔직하게 서로의 맨몸을 드러낼 수 있는 관계가 가장 좋은 사이라고 생각한다. 갑옷을 입은 채 나를 그대로 드러낼 수는 없다. 목이 풀리면 노래가 잘 나오듯 몸이 풀리면 이야기가 잘 나온다.

세상에서 나의 쓸모를 찾지 못하고 무용하게 시간을 허비하고 있을 때는 침대도 감옥이다. 매일 나 대신 하릴없이 시간이 죽는다. 조금만 일찍 정신을 차렸다면 따위의 가정이 꼬리를 물지만, 설령 그때로 돌아가도 다른 선택을 하지 못할 것을 잘 알기에 할 말이 없다. 어른 되기를 무한정 유예하고 싶어도, 나이가 차서 더는 그럴 수도 없었다는 게 몹시 슬펐다. 인생의 크고 작은 퀘스트들이 채권추심장을 들고 무섭게 우리를 쫓아왔으니까. 그래서일까, 그때는 꼬리를 자르고 냅다 달리는 도마뱀이 비겁하기보다는 용감해 보였다. 생의 의지와 박동이란 게 느껴져서.

긴장만 요구하는 세상에서 목욕탕은 아버지가 없는 이들의 유일한 도피처였다. 아들의 삶에서 좋든 싫든 아버지는 삶의 기준이 된다. 거역하거나 존경하거나 간에 자기 의지와 상관없는 삶의 큰 골짜기가 하나 생기는 것이다. 그러나 참고할 것이 부족한 수컷은 선택의 기로 앞에서 헤맨다. 결단하지 못하고 선택을 미룰 때마다 나는 나 스스로에게 의문을 표했다. 더는 무너뜨릴 세계가 없고 닮고 싶은 세계가 없는데 무엇을 쌓아야 하지? 그럴 때마다 나는 내 세계가 연약하다고 느꼈다. 산등성이일지 산비탈일지 모를 인생 속 시험의 순간들에서 형과 친구가 나와 같은 고민을 했는지는 알 수 없다. 다음에 만나면 한번 물어봐야겠다.

물에 손을 넣고 휘적거리면서 우리는 대단한 사람들과 평범한 사람들에 대해 이야기를 나눴다. 탕에서 형이 말했다. "나는 인간의 재능이란 게 신기하다. 어떻게 눈, 코, 입, 팔다리 개수가 다 똑같은 종으로 태어났는데, 저렇게까지 차이가 날 수 있나 싶어서."

잠자코 듣고 있던 친구가 말했다. "제 주변에는 빛나는 사람이 너무 많아서, 벌써 이룬 것 많고 타고난 것이 있는 사람들을 보면 평범하기만 한 내가 보잘것없이 느껴져요."

형이 웃으며 말했다.

"엄살 부리지 마라, 니는 약아서 우리 중에 아마 제일 잘 살 거다."

"하하하하…."

목욕하러 가기 전 친구는 카페에서 심각한 얼굴로 『평범해서 더 특별한』이라는 책을 읽고 있었다. 나는 친구가 특별함에 콤플렉스를 갖고 있었다고 생각하지 않는다. 다만 평균됨의 어려움을 털어놓은 것이라고 생각했다. 한국 사회에서 가장 어려운 것은 평범하게 사는 것이다. 평균적인 삶의 기준이 유독 높고 또래집단 압력의 강도가 워낙 거세니까. 다른 사람과 엇비슷하게 살지 못할 것 같다는 두려움에 한 번쯤 좌절하기 마련이다.

언젠가 『쇳밥일지』의 천현우 작가가 내게 해준 말이 떠오른다. "평균 올려치기라는 말은 한국 사회의 표준이 평균으로 둔갑했단 뜻이야." 실제 사람들이 져야 할 1인분의 무게가 갖는 평균값과 사람들이 표준이라 믿는 기댓값 사이에 현저한 착시가 있다는 것이다. 한국인들은 상상된 평균을 만들어내고, 그것을 신봉하면서 서로를 옭아매며 신음하고 있다는 그 말에 잠자코 끄덕였다. 나도 평균됨의 고됨이 너무나도 버거웠기 때문이다.

나는 온탕의 대화 중 무용하지만 귀중한 것들에 애정과 시간을 잔뜩 쏟았던 이야기를 가장 좋아했다. 그렇게 좋아하는 것에 하릴없이 시간을 보내본 자만 갖는 취향의 지문이라는 게 있기 때문이다. 내가 사랑하는 내 소유물을 가지고 이것저것 해보다 여러 갈래로 '해먹은 이야기'들이 쌓여 생기는 애착은 독특하다. 집념이라기엔 귀찮음이 크고 집착이라기엔 사랑이 큰데, 내가 이만큼 안다고 내세우며 과장하지 않는 마음이 핵심이다.

매번 형은 삶이 권태롭다 말했지만, 자기 결대로 취향이 쌓인 사람이라 '사라져가는 것들의 마지막 숨결'에 관해 이야기할 때면 눈이 빛났다. 늘 새로운 것으로 갈아치우고 첨단으로만 향하는 흐름에 심드렁해하고, 윤색되고 편집된 억지 기쁨들에는 반응하지 않는 표정과는 상반된 모습이었다. 가장 작은 부품마저 치밀해서 톱니 하나하나가 딱딱 맞물려 완벽하게 정확한 제품보다 부족한 점이 불편하지 않고 꼭 자기 마음에 드는 것이 좋다고 했다. 취향은 스펙이 아니라는 점을 그때 알았다. 불완전함에서 아름다움을 찾는 이들에게는 부족함이야말로 감성이다.

형이 목욕비를 내면 커피는 친구가 샀다. 나는 먼발치에서 머쓱하게 서 있었다. 언젠간 나도 목욕비를 내는 사람이 되고 싶다는 생각이 들었다. 빈틈없는 인간보다 불편하지 않은 사람이 되고 싶다는 생각을 했다. 귀갓길 산동네 언덕을 지나며 하늘을 올려다봤다. 그날은 그믐달이었는데, 보름달에 빌기는 다소 아까운 혼잣말을 소원처럼 읊조렸다.

"내 인생, 뭐 어떻게든 되겠지."

귀갓길 산동네 언덕을 지나며 하늘을 올려다봤다.
그날은 그믐달이었는데,
보름달에 빌기는 다소 아까운 혼잣말을 소원처럼 읊조렸다.

"내 인생, 뭐 어떻게든 되겠지."

아버지가 될 수 있을까 249

2

친구가 중고차를 샀을 때, 한껏 신난 친구의 기분을 이해하지 못했다. 그때만 해도 나는 자동차에 시큰둥한 사람에 가까웠다. 그러다 친구 차의 조수석에서 부산 도로 한가운데 있는 '아시안 하이웨이'라는 표지판을 발견했다. 부산은 아시안 하이웨이 6호선에 속해 있는데 '한국-중국-카자흐스탄-러시아'까지 이어진다고 적혀 있었다. 대륙으로 이어진 노선을 보는 그 순간, 갑자기 세상이 잠깐 멈추며 설레는 마음이 대야에 푼 잉크처럼 퍼져나갔다.

평소라면 큰 비용으로만 생각했을 나라들이다. 항공권은 비싸기 때문이다. 나는 솅겐 협정으로 국경이 열린 유럽을 자전거로 돌아다니는 유럽의 청년을 부러워했다. 10대에 첫 자동차를 사서 대륙횡단 서부여행을 떠나는 미국의 청년들도 부러웠다. 젊어서 부자인 것이 가장 부럽다던 조지 오웰의 말까지 가지는 않더라도, 넓고 아름다운 것들이 많이 담겨 있는 그들의 젊음이 부러웠다.

어학연수와 해외여행이 꼭 갖춰야 할 필수 스펙처럼 회자되는 세상이었다. 그러나 나는 그저 부동항에 정박해 있을 뿐이었다. 1년 중 절반이 얼어붙는 항구와 빙해에 갇혀 출항하지 못하는 배의 심정, 그 나머지 반절을 꼬박 아르바이트를 하지 않으면 공부할 수 없었던 시절. 내가 국경을 넘어 여행을 떠나는 일은 절대로 찾아오지 않을 일이라 여겼다.

   그런데 사람이 서 있는 위치에 따라 시야가 변한다고, 자동차에 타고 있으니 왠지 모르게 언제든 떠날 수 있는 길로 보였다. 막연한 이 표지판 위에 내 차로 직접 부산에서 출발해 유라시아를 횡단하는 차박 여행을 떠나는 장면이 그려졌다. 출발지가 해남이든 부산이든 침낭과 캐리어를 트렁크에 싣고 차에 시동을 건다. 그때 엔진의 첫 떨림은 나에겐 순결한 여정의 출발이자 설렘일 거라고.

   SUV는 크고 둔해서 싫어했는데, 나를 재우고 여행 짐을 싣고 또 배터리와 휴대용 정수기, 여벌의 옷 따위를 잔뜩 담으려면 대안이 없어 보였다. 오프로드를 달릴지도 모르니 사륜구동은 필수겠구나 싶었고, 반도 모양으로 담은 하늘보다 넓고 다채로운 하늘을 볼 테니, 선루프도 있으면 했다. 태양광 패널을 펼쳐놓고 배터리를 충전하며 의자를 펼쳐놓고 커피를 한 모금 마시며 쉬어가기. 국경마다 달라질 표지판을 잘 읽어야 하니 네비게이션에 부지런히 어학공부를 떠넘기기로 했다.

   거기서 뱁을 대사도 떠올렸다.

"이르쿠츠쿠는 내가 대학원 다닐 때 쓴 '자유시 참변' 관련 소논문의 배경이 되는 곳이야. 거길 직접 들르다니 감회가 새롭군."

나는 "낙관주의자는 비행기를 만들고, 비관주의자는 낙하산을 만든다"라는 아일랜드의 극작가 버나드 쇼의 말을 가장 좋아한다. 나는 여기서 낙관과 비관보다 만든다는 동사의 힘을 믿는다. 낙관적이든 비관적이든 사람이 세상을 바라보는 톤이 중요한 게 아니다. 정말 중요한 것은 어떤 상황에서도 무언가를 만들어내는 무덤덤한 의지 그 자체라고 생각한다. 열매를 맺어야 할 꽃들은 악천후를 탓하지 않는다.

막연하게나마 하고 싶은 일도 생겼다. 내가 살아 있을 때 길이 열리면 좋지만, 그렇지 않을 수도 있다. 만약 내 시대에 대륙으로 육로가 열리지 않는다면, 내 자식 세대에게는 자차로 대륙을 횡단할 수 있는 청년기의 자유를 주어야겠구나. 긴 여정을 떠나기 전에 세차를 하며 마음을 반듯하게 닦는 설렘에 대해 알려주어야겠구나. 세계를 겁내지 않고 다정하게 느끼는 차창의 바람을 틔워주어야겠구나. 그것이 부모가 될 미래의 내가 자식에게 할 수 있는 최대의 선물이겠구나.

그래서 학생이었던 나는 언젠가 꼭 공적인 일을 하며 자유를 선물하는 데 보탬이 되는 사람이 되고자 마음먹었다. 지금 같은 축소 시대에 세계로 뻗어나가는 대륙팽창의 꿈을 꾼다고 하니 정치사적으로 군복과 거수경례가 떠오르면서 많이 위험해 보이기는 하지만, 전혀 그런 건 아니니 낭만적인 느낌으로 읽어주길 바란다.

아무튼 대륙횡단의 꿈이 다시 떠오르게 된 계기는 순전히 친구가 결혼을 했기 때문이다. 목욕탕에서 빛남에 대해 고민하던 친구는 결국 스스로 결핍을 이겨내고 반짝이는 이들 사이에서 자신의 빛을 찾아냈다. 이 친구가 직장에 자리를 잡고 우리 중에 가장 먼저 상투를 튼 걸 보니, 아무래도 목욕탕에서 엄살이라고 했던 형의 말이 맞았던 듯싶다.

"신랑 입장!" 소리와 함께, 가장 친한 친구가 결혼식장에서 성큼성큼 걷는데 기분이 이상했다. 친구의 과거를 아는 내가 느끼는 각별한 뭉클함과 이제 나와 다른 시계를 갖고 살아갈 친구에 대한 어색함이 공존했다. 내 옆에서는 형이 눈물을 흘리고 있었다. "내가 운전 가르쳤던 놈이 벌써 결혼을…." 형이 나지막하게 한 말에서 아시안 하이웨이 표지판을 처음 발견한 그 순간이 떠올랐다.

친구는 형에게 운전을 배웠고, 친구는 다시 나에게 운전을 가르쳐주었다. 우리의 운전엔 족보가 없다. 나는 아버지에게 운전을 배우지 못했지만 괜찮다. 이렇게 배운 운전도 내 삶을 근사한 곳으로 이끌어줄 테니까. 언젠가 이 조합 그대로 운전대를 번갈아가며 잡고 세계로 떠나볼 수 있다면, 그만큼 좋은 일도 없겠다 싶다. 하지만 더는 그럴 일이 오기 어렵다는 것도 안다. 코로나19로 목욕탕에 함께 가지 못하는 몇 년 동안 우린 어물쩍 어른 대열의 막차를 타버리고 말았기 때문이다. 이젠 내릴 수 없다.

언젠가 우리가 아버지가 되는 세상을 떠올린다. 개인의 모든 삶이 축소되는 시대에 내가 어렵사리 가족을 만드는 데 성공했다면, 내 삶에 그만한 성공은 없을 것이다. 이 사회가 까다롭게 요구하는 평균됨의 기준들을 가까스로 넘어, 내 삶의 확장을 이뤄냈다는 증표이므로. 일상의 부하는 늘어나겠지만, 그것을 단지 비용이나 노동으로 치부하는 시각에 더는 사로잡히고 싶지 않다. 예측하지 못한 돌발적인 행복이 나를 태우고 새로운 삶으로 이끌어가는 여정이라 보고 싶다.

한 가지 안타까운 점이 있다면, 나 역시 내 자식에게 운전을 가르칠 수는 없을 거라는 점이다. 자율주행으로 운전대가 인간의 손을 떠나는 날이 반드시 오고야 말 것이므로, 그런 귀중한 낭만이 딱 내 앞에서 끊겼다는 점은 정말 아쉬운 일이지만 별수 없다. 어쩌면 훗날엔 고집스러운 노인 일부만 운전대를 끝까지 사수하면서 그것이야말로 인간이 손에 쥘 몇 안 남은 존엄이라 말하는 날이 찾아오겠지. 그런 노인 중 하나가 나겠지. 그 노인은 젊은 날의 한때 목욕탕 타일에 사람 자국을 보탰다. 작은 자동차가 생기던 순간과 직업이 생겨 삶이 뿌리내리기 시작했던 순간과 목욕탕비를 마음껏 내기를 바라던 날을 사람 자국으로 포갰다.

결혼식장에서 집으로 돌아오니 해가 저물었다. 해가 짧아지고 달이 길어지는 계절이었다. 호흡이 무거워 가볍게 동네 한 바퀴를 걸었다. 나도 모르게 뒷짐을 졌다. 고개를 젖혀 하늘을 올려다보았다. 반달. 왼쪽이 빛나는 것을 보니 하현달인데, 구름이 절반가량 하현달의 아랫부분을 가렸다. 하현달의 반쪽을 바라보며, 그믐을 향해 저물어가는 달처럼 친구가 좋지 못한 기억을 비우고 행복한 미래를 가득 채우길 바랐다. 그리고 구름 낀 반달에 소원을 빌었다. "반절은 내가 노력할 테니, 딱 나머지 반절만 도와주세요." "우린 좋은 아버지가 될 수 있을까?" 달에게만 빌 수 있는 소원이었다.

작가의 말

부패하지 않는 사랑

1

선풍기를 틀자 팬이 돌았다. 약풍은 약하지 않았고 강풍은 강하지 않았다. 시원찮은 것이 꼭 삶과 닮았다는 생각이 들었다. 날개가 바람을 가르는 소리가 반복되었다. 반복은 사람을 집중시키고 그만큼 시간을 축약시킨다. 눅눅한 바람을 맞으며 소리에 집중했다. 몰입의 순간을 놓치고 싶지 않아 펜을 들었다. 몰입이 달아났다. 잠시나마 시간이 천천히 흐르는 듯했다.

무의미한 쇼츠 영상들을 수백 개 합치면 영화 한 편의 시간이 흐른다. 그러나 시간은 60초 이내로 쪼개져서 각자 죽어가는 것이다. 시간의 분해를 휴식이라 하지 말아야 한다면서 에어컨을 틀었다. 실외기 소리가 들렸고 금방이라도 비가 쏟아질 것처럼 날이 흐렸다. 마음이 덥고 눅눅했지만, 습도가 금세 낮아져 그런대로 괜찮았다.

선풍기에는 날개도 모터도 달려 있지만 아무도 왜 날지 못하는지 묻지 않는다. 쓰임새를 아는 존재의 행운에 대해 생각했다. 이제는 나에게도 내 바닥과 한계에 구속되지 않고 적응할 줄 아는 감각이 생겨났다. 그 감각의 익숙한 위로를 받으면서도 기왕이면 주어진 쓸모를 찾아 열심히 사는 법을 배우는 중이다. 조금 더 남에게 또 나에게 무던한 사람이 되어보려 일력 뜯는 걸 당분간 멈추기로 했다.

꿀벌이 줄어들고 있다는 보도를 접했을 때의 당혹감을 기억한다. 줄어드는 것은 꿀벌만이 아니었으니까. 외동으로 태어난 인간들이 살아갈 세계에서는 인간의 가치가 줄어들고, 방 크기도 줄어들고, 집중력과 인내심이 재생시간과 함께 줄어들고 있었다. 사람들은 긴 글을 참아주지 않아, 얇아진 책은 단문만 품을 수 있었다. 새로운 노래가 드문드문 나오는 것처럼 사람도 드문드문 태어났다.

무엇보다 사랑하고 있는 사람의 숫자가 줄어들었고, 사랑의 용량이 알뜰해졌다. 원룸 인간들은 이제 가족을 꿈꾸지 않는다. 사랑도 우정도 멀리한다. 등가교환이 이뤄지지 않는 관계는 맺지 않으니까. 그 원칙을 차별 없이 나에게 적용하기에, 줄 것이 없는 이들은 사랑받을 자격이 없다며 사랑을 멀리하기 시작한 것이다. 통계가 비관을 쏟아내고, 언론이 위기와 절벽을 말할 때마다 내가 발을 디딜 땅도 깎여나가는 듯 위태롭게만 느껴졌다. 아마도 이 시대를 두고, 모든 것이 쪼그라드는 축소 시대라고 말할 것이다.

반발심이었을까. 나는 단종되지 않는 삶을 말하기 위해 글을 쓰고 싶었다. 이를테면 첫 자동차를 갖게 된 순간의 설렘, 거듭된 퇴직이 새겨온 2년짜리 흉터가 보이게 된 순간들, 끝까지 기르지 못하고 떠나보낸 개들에 대한 미안함, 택배 상자 하나 뜯을 새 없던 분주한 날을 지나고 얻은 주말의 낮잠과 몸의 압력을 빼내는 깊은 날숨의 맛, 보름달이 아닌 반달에게만 빌 수 있는 소원을 품고 절반의 행운을 간절히 바라며 열심히 삶을 책임지면서 살고 싶은 마음 같은 것들을 말이다. 고마웠던 어른과 미웠던 어른, 무엇보다 나 자신이 어른이 되어가는 과정을 담고 싶었다.

어느 정도 삶의 궤도가 정해진 것 같다는 기분이 들 때면, 나는 초등학교 가을 운동회 때 50미터 달리기 상품으로 나눠주던 공책을 떠올린다. 국민학교가 초등학교로 변한 지 얼마 지나지 않은 무렵이었다. 변해버린 건 단 두 글자였을 뿐인데, 때를 놓쳐 쓸모를 잃은 무수한 공책들이 수두룩하게 남아 돌았다. 헌것 취급을 받는 새것의 운명은 언제나 안타깝다.

그렇지만 이제는 볼펜으로 국민학교에 두 줄을 긋고 일일이 초등학교로 고쳐 써주셨던 선생님들의 노고를 어림할 줄 알게 되었다. 그 두 줄 덕에 공책은 버림받지 않고 다시 무언가를 적어 넣을 힘을 갖게 되었으니까. 무언가를 쓸 수만 있다면 새것이 아니더라도 괜찮다. 그것이야말로 단종되지 않을 결심이다. 어른이 되는 과정에서 겪어나갈 나에 대한 무수한 세상의 버림과 쓰임, 그 반복의 톱니바퀴에서 기죽지 않고 어떻게든 쓰임새를 다시 찾고자 하는 노력만큼은 버리고 싶지 않다고 다짐하며 내 짝꿍에게 말했다.

"인생이란 것은 두 줄 긋고 새로 시작하는 힘이라고 생각해. 적어도 우리 겁만 남은 인간은 되지 말자."

2

사실 이 원고를 1년도 넘게 묵혔다. 그 1년 동안 내 인생에 획을 긋는 일들이 일어났다. 인생은 예상대로 흘러가지 않았고, 나는 이 책의 매듭을 고쳐야 했다.

먼저 초가을의 어느 날, 나는 친한 친구와 한강에서 돗자리를 깔고 앉아서 치킨을 뜯다 지금의 짝꿍을 만났고, 그날로 눈이 맞아 새로운 사랑을 시작했다(혼인신고 도장을 찍고서야 그 날의 만남이 우연을 가장한 기획 소개팅임을 알게 되었다). 엉겁결에 이직 기회를 잡는 바람에 조금 더 많은 급여를 받게 되었고, 자연히 그만큼의 무게가 책임으로 더해졌다. 새로운 업무와 환경에 적응하다 보니, 이 원고는 천년 묵은 이무기가 되어 내 노트북 폴더 속에서 긴 잠을 잤다(매운 잠이었을지는 모르겠다).

그러다 나는 프러포즈를 했고(내가 직접 프러포즈하는 일은 없을 것이라고 호언장담하며 연막을 친 뒤 기습했다), 신혼집을 알아보기 위해 여러 동네에 발자국을 남겼으며, 그 길로 결혼을 앞두고 있었다. 원룸에서 벗어날 예정이냐 묻는다면, 글쎄 답이 조금 애매한 상태다. 원룸이 자라서 거실과 베란다가 딸린 원룸에 살게 될 예정이다. 아무튼 혼인 적령기의 끝물쯤, 몰아치듯 인생의 밀린 진도를 해치웠다. 가히 인생 또한 급진파라고 할 수 있었다.

그리고 2024년 12월 3일 밤 10시 23분, 나는 그 순간을 잊을 수 없다. '계엄'. 단 두 글자일 뿐인데, 낱말의 위력은 실로 강력했다. 믿을 수 없었고 믿기지 않았지만, 그 두 글자가 현실을 180도 뒤집었다. 군인과 경찰이 내 일터를 에워싸기 전에 도착해야 했다. 주섬주섬 외투를 챙기는데, 그 모습을 바라보던 예비 신부인 내 짝꿍은 눈물을 흘리며 바짓가랑이를 붙잡고 막았다.

"오빠, 가지 마. 아니, 죽지 마. 안 가면 안 돼?"
"그래도 가야 할 거 같은데, 별일 없겠지, 설마."

오피스텔 엘리베이터가 그날따라 나를 기다리기라도 한 듯 딱 우리 층에 머물러 있었다. 원망스러웠다. 8층 엘리베이터에서 한동안 아무 버튼도 누르지 않고 가만히 서 있었다. 죽음의 얼굴은 엘리베이터 버튼처럼 생겼구나. 생각보다 조그맣네. 죽음의 가능성에 대해 진지하게 생각했다. 머릿속에서 '설마'와 '혹시'가 무한한 랠리를 벌였다. 강요된 사유였다. 그 사유가 괴로워서 욕을 한번 내뱉고는 1층 버튼을 눌렀다.

엄습해오는 공포 속에서 직감적으로 가족에게 전화를 걸었다. 인생에서 가장 싫어하는 미감이 비장미이고, 좋아하는 것은 골계미인데, 최후라 생각하니 어쩐지 비장해졌다. 엄마에게 전화를 걸었다. 통화연결음의 리듬보다 심장의 박자가 조금 빨랐던 것 같다.

전화기를 타고 비몽사몽 정신을 못 차리는 목소리가 들려왔다. 오랜만에 친구와 치킨에 맥주를 한잔하고 일찌감치 잠에 든 것이었다. 엄마는 내 말을 듣는 둥 마는 둥 하다 다시 잠에 빠졌다. '어, 이게 아닌데?' 원하는 결말은 아니었지만 마지막으로 듣는 엄마의 목소리는 그래도 친구랑 놀다 편안하게 잠든 모습을 그리고 있어 다행이라고 생각했다.

동생에게 전화를 걸었다. 심각함을 모르고 있었다. 이 자식은 계엄이 터진 마당에도 진지한 구석이 없다. 뭐, 물론 그만큼 초현실적인 일이었으니. 그래도 마지막일지 모를 목소리는 전했으니 형의 의무감은 다한 셈.

걸어가는 길에 무슨 상황이냐며 지인들의 전화를 여러 통 받았다. "저도 잘 몰라요." 아무것도 모르는데 한 치 앞도 모를 수밖에 없는 현장을 향해 내가 매일 뛰어오던 다리를 건넜다. 마침표를 제대로 찍은 게 맞을까? 전혀 준비되지 않았던 내 유언은 어쩐지 모양새가 나지 않겠다는 생각을 했다. 그 뒤 여의도에서 벌어진, 모두가 알고, 모두가 잠 못 이뤘던 이야기들이 이어졌다. 굳이 부연하지는 않겠다.

이후 몇 날 며칠 간 거듭된 비상 상황 속에서 퇴근할 수 없는 날들이 이어졌다. 그러다 새벽 퇴근길에 올랐고, 내 짝꿍은 세상 편안하게 잘 자고 있었으며, 먹다 남은 치킨에서 고소한 냄새가 폴폴 풍겼다. 걱정은 걱정이고 밥은 밥이고 잠은 잠인 내 짝꿍. 인기척에 깨어난 내 짝꿍은 나를 격하게 반겼고, 기숙사 사감에게 몰래 시킨 배달음식이 들통난 고등학생처럼 당황해했다. 계엄 시국에 치킨을 먹는 건 전혀 미안해할 일이 아닌데도, 남들 고생하는데 자기 혼자만 맛있는 음식을 먹는 게 괜히 마음에 찔리고 눈치가 보였다고 했다. 짝꿍의 진술에 따르면, 내가 잘못될까 노심초사하며 밤잠을 설치고 밥을 목구멍으로 넘기지 못하는 날들을 견뎠다고 했다. 그러다 입맛은 없지만 살려면 뭐라도 먹어야겠다 싶어 평소 가장 좋아하던 치킨을 시켰는데, 하필 그날 내가 돌아왔다는 설명이다. 쫑알거리는 그 모습이 사랑스럽고 귀여웠다. 치킨 냄새의 고소함 속에서 짝꿍은 억울한 표정을 지었고, 우리는 이내 크게 웃었다. 식은 치킨이 맛있었다. 아무튼 모두가 각자의 방식대로 경황이 없던 그 순간을 기억한다. 그 기억을 노트에 담았다.

내 짝꿍이 아주 좋은 꿈을 꿨다고 했다. 그 길로 로또를 샀다. 자동 1만 원. 우리는 헛된 꿈을 꿨다. 짝꿍은 당첨되면 자기를 버릴 거냐며 시험에 들게 했고, 나는 무슨 소리냐며 억울한 표정을 지었으며, 집을 사고 차를 바꾸고 그 길로 일은 그만두자 행복하게 하하 호호 웃으며 귀가했다. "낙첨되었습니다." 며칠 뒤 휴대폰 화면이 냉정하게 말했고, 단 하나도 맞는 숫자가 없었지만 행복했다. 내 공책의 남은 장은 앞으로도 이렇게 시시콜콜한 이야기로 채워질 것이다.

· · ·

젊은 남자의 이야기를 쓰려고 했으나, 그냥 젊은 남자가 쓴 이야기가 되고 말았다. 청년이라는 수식어에 올라타자니 이제 나이가 끝물에 임박했다. 한의원에서 내 몸에 남긴 부항 자국이 일주일째 선명하다. 괜히 멋쩍어 청년 대신 두 줄 긋고 초년생이라 적었다. 이 책은 한 사회 초년생의 이야기다. 내가 빈 공책에 채워 넣은 이야기가 여러분의 마음에 들었으면 좋겠다.

따끔한 조언과 세심한 손길로 이 책의 품격과 풍미를 더해주신 여문책의 소은주 대표님께 감사드린다. 아울러 책이 만들어지기까지 도움을 준 모든 분과, 축소 시대의 터널을 함께 지나며 어른이 되고 있는 모든 초년생에게 감사의 말을 전한다. 무엇보다 나와 함께 빈 공책을 채워나갈 내 짝꿍에게 부패하지 않는 사랑을 건넨다.

2025년 7월 5일

나호선